房龙地理

Van Loon's Geography

[美] 亨德里克·威廉·房龙◎著

贺五一◎译

中国出版集团

现代出版社

图书在版编目（CIP）数据

房龙地理 / (美) 房龙著；贺五一 黄燕译. -- 北京：现代出版社，2016.3（2023.9 重印）
（房龙真知灼见系列）
ISBN 978-7-5143-4533-9

Ⅰ. ①房… Ⅱ. ①房… ②贺… ③黄… Ⅲ. ①社会地理学—世界—青少年读物 Ⅳ. ① C912.8-49

中国版本图书馆 CIP 数据核字 (2016) 第 024246 号

房龙地理

著　　者	(美) 亨德里克 · 威廉 · 房龙
译　　者	贺五一　黄燕
责任编辑	周显亮　哈曼
出版发行	现代出版社
地　　址	北京市安定门外安华里 504 号
邮政编码	100011
电　　话	010-64267325　010-64245264（传真）
网　　址	www.1980xd.com
电子信箱	xiandai@vip.sina.com
印　　刷	永清县晔盛亚胶印有限公司
开　　本	700mm × 1000mm　1 / 16
印　　张	10
版　　次	2016 年 4 月第 1 版
印　　次	2023 年 9 月第 5 次印刷
书　　号	ISBN 978-7-5143-4533-9
定　　价	58.00 元

前言

10年以前，你写信给我，今天你收到了回信。你信中的内容（我从原文中摘录）如下：

“是的，但是，地理学怎么样呢？不，我不仅仅想要一本新的地理学书，我还想要一本属于我自己的地理学书，一本能告诉我我想知道的内容并将其他一切省去的地理学书，而且我想让您为我写这本书。我所上的那个学校把这个科目看得很重要，我学习了有关各个不同的国家的知识，学习它们是如何接壤的，城市情况怎么样，它们有多少居民，我还学习了各个山脉的名字，这些山脉有多高，每年出口多少煤，可是，对于这些知识，我忘记的速度和我学习的速度一样快。这些知识没有衔接起来，而是变成了一堆杂难的消化不良的记忆，就像一个满是图片的博物馆，或者像一场持续时间太长的音乐会，它们对我没有现世的价值，因为每当我需要某个具体的证据时，我不得不在地图、地图册、百科全书以及名人录上查找。我想许多其他人都有同样的苦衷。我代表所有那些可怜的受害者，请求您给我们写一本有些用处的新的地理学书，行吗？请您把所有的山脉、城市和海洋都画在您的地图上，然后只告诉我们居住在那些地方的人们的情况，以及他们为什么会在那儿，他们来自何处，他们在做什么——一种用地理学来解释的人类利益的故事。因为这样的话我们就能够把它们全都记住，但是，不然的话……”

在从你手中接到命令之后，我像往常一样衷心地表示感谢，并转过身来说："亲爱的，这就是你要的东西！"

[美]亨德里克·威廉·房龙

目录

目录

房龙地理

房龙地理

01 生活在我们这个世界上的人们

这听起来让人难以置信，但不管怎样，这却是真的。如果我们这个世界上的所有人都有6英尺（1英尺＝0.3048米）高、1.5英尺宽、1英尺厚（而这会使人们比他们通常的时候要大一些），那么整个人类（根据最近可靠的资料，现在有将近20亿原始的智人及其妻子所生的后代）将可以被装进一个半英里（1英里＝1.609344千米）见方的箱子里。正如我刚才所说的那样，这听起来不可思议，但是，如果你不相信我，你可以自己算一算，你就会发现我说的是对的。

如果我们把这个箱子运到亚利桑那州的大峡谷，然后将它巧妙地安放在低矮的石头墙上让其保持平衡，建这堵低矮的石墙是为了使人们不至于因惊叹于这让人难以置信的美景而折断脖子，而这壮丽的美景是永恒力量的默默的见证。然后，叫来那只叫“小傻瓜”的腊肠狗，让它用柔软的棕色鼻子轻轻推一下这个笨重的东西，那么，木板沿着向下的路线滑过石头、灌木丛、树林时，会发出一阵噼噼啪啪的响声，接着，就是一阵低沉甚至是柔和的嘣嘣的声音，当该东西的外部边缘撞到科罗拉多河岸时突然溅起了一片水花。

接着便一片死寂。

像沙丁鱼一般被塞在停尸箱的人们很快将会被人们所遗忘。

任由月圆月缺，而大峡谷将依旧永远地与风雨相伴，与霜雪游戏。

世界将继续沿着既定轨道通过未知的天空。

无论是在遥远的星体还是在附近的星体上的天文学家，他们都看不出这和平常有什么不同。

距今一个世纪以前，一个长满植物的小土堆也许就表明那是人类的墓葬之地。

这就是故事的全部。

我完全能想象得到，我的读者们可能不太喜欢这个故事，当他们看到自己引以为豪的族类被贬低到如此无足轻重的地位时，他们会感到很不舒服。

然而，对于这个问题，我们需换一种角度来看——一种将我们数量的稀少以及我们微小身体的无助变成深刻且由衷的自豪感的角度。

我们不过是一小撮虚弱而且没有防卫能力的哺乳动物。

自从第一天的拂晓开始，我们的四周就被成群结队的生物所包围着，这些生物已为生存斗争做了更好的准备。它们中有些生物身长100英尺，而且其重量也和一个小型火车头差不多，而其他动物则拥有像圆锯的刀片那样锋利的牙齿。许多种类的动物在做日常事务时身披中世纪骑士一样的铠甲。人类的肉眼虽然看不见其他动物，但它们却以极快的速度在繁殖，要不是有某些能够几乎以它们繁殖速度一样快的速度消灭它们的动物存在的话，那么在不到一年的时间内它们就会拥有整个地球。然而，人只能在非常有利的环境中生存，而且不得不在几块小的、位于高山和深海之间的陆地上寻找栖息地，我们的同路者们胸有大志，它们认为这些高山和深海既不太高也不太深。显然，构成它们身体的是那种能够在各种自然环境下都能生存的物质。

从杰出的权威人士那里，我们得知某些种类的昆虫在石油里面还能够自得其乐，而另外一些昆虫则设法忍受温度的变化，这种温度的变化是如此之大，以至于在短短的几分钟之内就能把我们所有人都杀死。我们十分吃惊地发现，那些褐色的小甲虫，它们似乎也喜欢文学，总是在我们的书架上爬来爬去，它们在失去了两条、三条或者是四条腿的情况下仍然还能继续平静地过忙碌的生活，而只要在我们的一个脚趾上用针刺一下，我们就动弹不得。那时，我们就时常开始意识到我们所不得不面对的对手是什么种类，自从我们诞生在这个星球上开始，我们就迷失在孤独的宇宙中一个未知的角落。

对于和原始人类同时代的厚皮动物来说，我们人类曾经是天大的玩笑，它们会站在一旁，看着这个浅粉色的自然界变种首次笨拙地练习用后腿行走，而不借助树干或树枝。

那些拥有差不多2000万平方英里陆地和海洋的骄傲的主人，由于其在野蛮的暴力和奸诈狡猾方面的杰出能力而建立了出色的统治。然而，它们的际遇又如何呢？

它们除了在某个自然历史博物馆里我们好心地留给它们的那一小块展台上以“展品A”或者“展品B”的形式出现以外，它们中的大部分都已经消失得无影无踪。其他动物为了能和那些现在还存在的动物一样存留下来，被迫进入家养动物的行列中。而今天它们仅仅为了能生存下来，它们不得不用它们的皮、蛋、奶以及身体两侧的肉，或者以为我们拖那些我们感到有一点太重而懒得自己拖的货物来作为交换。它们中更多的是被运到偏僻的地方，在那些地方我们允许它们吃草放牧以及繁衍它们的种群，因为迄今为止，我们觉得没有必要让它们从我们的眼前消失，并把它们的领地夺过来为我们自己所用。

简而言之，仅仅在几千个世纪里（从永恒的角度来说，那不过是一秒钟而已），人类已把自己变成了每块土地上无可争议的统治者，而且，今天他们还有望将天空和海洋也纳入其统治的范围之内。而且对不起，所有的这一切都是由数量只有几亿的动物来完成的，这些动物除了具有超凡的理性天赋之外，没有哪一点优于其敌人。

即便这样，我还是有些夸张。最高形式的理性天赋以及独立思考的能力也仅限于少数男人和女人。因此，他们成为了具有领导地位的大师。其他人，不管他们多么怨恨这个事实，他们只能服从。其结果是一个奇怪而又断断续续的队伍，因为不管人们做出多么大的努力，每一个真正的先驱者后面总是跟着上万个落伍的人。

我们不知道行进的路线最终会把我们带到何处。但是，根据最近4000年来所取得的成果来看，我们有可能达到的成就的总量是没有限度的——除非我们受到了我们那奇怪的残忍的本性的诱惑而偏离了正常的发展方向，这种残忍的本性使我们对待我们自己种类中的其他成员的态度永远都不会像我们对待一头牛、一条狗或者一棵树那样。

地球以及地球上丰饶的资源都在人类的掌控之下。那些还没有受他们掌控的地方，他们通过运用其高超的大脑，运用他们的先见能力以及他们的火枪来夺取。

我们的这个家园是美好的家园，它为我们所有人生长足够的食物。它有丰富的猎物、黏土层、森林，为我们所有人提供充足的庇护所。我们牧场里那些宽厚的羊，亚麻田中蓝色的花朵波浪起伏，当然也不要忘了还有中国用桑叶喂养的那些辛勤的蚕——它们都在为我们的身体提供庇护，以抵御冬季的严寒，阻挡夏季的酷热。我们的家园很好，它以如此大的规模生产所有这些有用的产品，以至于每个男人、女人和小孩儿都能够拥有他或者她的那一份，并且还能另外预留一点以备将来之需。

但是，自然界有其自己的法律，这些法律是公平的。这些法律又是无情的，而且没有上诉法庭。

自然界会面向我们，她会毫不吝啬地给予我们各种生活所需，但是，她同时也要求我们懂得她的规则并遵守她的指令。

100头牛在草地上仅仅会造成50次灾难——这是每个农场主都非常熟悉的一点诀窍。100万个人聚集在一个只能容纳10万人的地方就会导致拥挤、贫困以及不必要的苦难。这样一个事实显然被那些引导我们命运的人所忽略了。

然而，这还不是我们所犯的众多错误中最严重的错误。我们还以另一种方式冒犯了慷慨养育我们的母亲。人类是唯一对自己的同类抱有敌意的活的生物体。狗不吃狗——老虎不吃老虎——是的，就连最可恶的土狼也和自己种群中的成员和睦相处。但是，人憎恨人，人杀人，而且在今天的世界里，每个国家所关心的首要问题是防止自己将来再次遭到邻居的屠杀。

世界万物大法典的第一条要求同类的成员之间要和睦友善，而我们对这一条的践踏已经达到了这样一种程度，即不久人类可能会面临全部毁灭的结果。因为我们的敌人也不断地处于警戒状态。如果智人（这是一个愤世嫉俗的科学家为我们的种族所取的过于谄媚的名字，其目的是表明我们的智力优于动物世界里的其他动物）不能够或者不愿意担当所有那些在他们俯视下的生物的主人的话，那么就会有成千的其他候选者来承担此工作，而且似乎由猫、狗、大象或者某个具有更高级的组织的昆虫所统治的世界往往可能会比因战舰和攻城炮而变得过于臃肿的星球更具有明显的优势。

答案是什么？摆脱这种可怕而且可耻的局面的出路在哪里呢？

由于我们祖先的愚昧无知，我们误入了一条可悲的而且是灾难性的死胡同。这本小书不揣冒昧，试图找到走出死胡同的唯一途径。

这需要时间，需要花几百年时间进行缓慢而艰难的教育，才能够使我们找到真正的拯救之路。但是，这条道路使我们意识到，我们所有人都是同一个行星上的过客。一旦我们掌握了这个绝对的真理——一旦我们认识到并且了解到这样一个事实，即不管怎样这是我们共同的家园——我们从不知道另一个住处——我们将永远不能离开我们碰巧在太空中出生的地方——因此，我们有必要表现得就像我们发现自己登上了一列或者一条不知开往何处的火车或者轮船一样——我们要迈出第一步，而且是最重要的一步以解决那个可怕的问题，这个问题是我们所有困难的根源。

我们都是同一行星上的过客，其他人的福与祸也就是我们自己的福与祸！

叫我梦想家，叫我傻瓜——叫我空想者，或者叫警察或者救护车来将我带到一个地方，在那里我就再也不能发表我那不受欢迎的异端邪说了。但是你们要留意我的话，并在那决定性的一天里记住这些话，在那决定性一天到来的时候，人类不得不打点他的那些小玩意儿，将幸福的钥匙拱手交给更合适的继任者。

幸存下来的唯一希望就在下面的一句话里：

我们都是同一行星上的过客，我们都对我们碰巧生活的这个世界的幸福与安宁负有同样的责任。

02 地理学的定义

在我们开始旅行之前，我们通常会试图弄清楚我们将要去的大致方位，以及我们应该如何前往。一个读者在打开一本书时，他就有权知道少许类似的信息，因此，为地理学一词作出简短的定义将不会是违反规程的。

碰巧在我的桌子上有一本《简明牛津词典》，这本词典和其他词典一样管用。我正在查找的这个词出现在1912年版的第344页。

“地理学：关于地球的表面、形状、物理特征、自然和政治划分、气候、物产、人口的科学。”

我没有指望能做得更好些，但我将要强调事情的一些方面，忽略其他的方面，因为我打算把人放在舞台的中心位置。我的这本书不仅仅会讨论地球的表面及其物理特征，还会讨论它的政治和自然边界。我把它称为研究人的书，研究人为他自己及其家人寻找食物、庇护所以及安逸的生活，并试图弄清楚人是如何在有限的能力范围内适应环境或者改造自然环境，使其舒适、营养良好、幸福。

据说，上帝在所有那些爱他的人中，有一些非常奇怪的客人。这种说法不假。的确，我们将发现我们的行星上居住着各种各样的神秘的、非同寻常的房客。初次相识时，你会发现许多房客他们的个人习惯显得非常令人讨厌，他们身上所拥有

人类的接触

的一些特点我们不希望在我们自己的孩子们的身上出现。但是，20亿人，即使他们没有在数量上进行大幅度的削减，在装进木箱时，也是相当可观的。有如此多的人，当然要在一切可能下进行各种经济、社会以及文化性质的试验。在我看来，似乎那些试验值得我们给予优先关注。因为在被人类的肉眼看到以及被人类的脚踩踏之前，在斜坡和山谷被十几代饥饿的移居者占据、为之争斗、耕作之前，山毕竟只是山。

13世纪初以前的大西洋在宽度和深度以及湿度和盐度方面和这之后是一样的，但是人类的接触才使它变成了它今天这个样子——成为新世界和旧世界之间的桥梁，成为东西方之间的商业通道。

几千年来，广袤无垠的俄罗斯平原随时准备为那些不辞劳苦种下第一批谷物的人提供丰厚的收获物。但是，如果由德意志人或者法兰克人的手，而不是由斯拉夫人用铁尖头的棍棒来犁出第一批犁沟的话，那么今天这个国家的面貌将会有很大的不同。

在日本群岛上居住的无论是土著的日本人还是现在已经灭绝的塔斯马尼亚种族的幸存者，这个群岛都将不停地摇撼和震动，但是，在后面一种情况下，要供养6000万人的生活几乎不可能。而在不列颠群岛，如果任由那不勒斯人或者柏柏尔人蹂躏而没有来自北欧的不知疲倦的战士们的征服的话，那么这个群岛永远也不会成为一个帝国的中心，这个帝国有其母国的150倍大，并且拥有我们这个行星上的六分之一人口。

一般来说，我更关注的是地理学的纯人类方面，而不是在大规模生产的年代里被认为是非常重要的商业问题。

但是，经验告诉我，不管你在进出口、煤矿的产量、石油储藏以及银行储蓄这样的话题上口若悬河地说得多么起劲儿，但是你却永远也不能告诉你的读者那些他从这一页到下一页所能够记住的内容。每当他需要这些数字时，他还得再次查找这些数字，并且用十几本互相之间矛盾的商业统计手册来进行核对。

在这种地理学中人是首要的。

它的自然环境和背景是其次。

如果篇幅允许，对其他方面，我也会有所涉及。

03 我们的星球，它的习惯、风俗和行为方式

让我们从一个古老而又可信的定义开始："这个世界是一个又小又黑的物体，它的四周被空间所包围。"

那不是一个"球体"或者一个球状物，而是一个"椭球体"，这就意味着它近似于一个球体，是由一个两极稍稍扁平的球构成。所谓的"两极"，你可以自己通过用一根毛衣针穿过一个苹果或者一个橘子的中央，并把这个物体垂直放在你面前而找到。毛衣针从苹果或者橘子上穿出的地方，就是两极的位置，一极在一个深海的中央（北极）；另一极在一个高高的山地高原的顶端。

至于随椭球体的定义一同出现的两极地区的"平面"，你丝毫不用费心。因为地球的极与极之间的轴只比赤道的直径短1/300。换句话说，如果你荣幸地拥有一个直径为3英尺的地球仪，那么其轴的长度将只比其赤道的直径短1/8英寸，而且除非其做工非常精良，否则这种差别是很难看出来的。

然而，那些试图探究极地地区以及研究高级地理学的探索者，对这种塌陷是非常感兴趣的。但是，就目前的这本书来说，我已经说得够多的了。也许在你的物理教授的实验室里也有这样一个小玩意儿可以向你演示，当我们的一粒细小尘埃开始围绕其轴旋转时，两极是如何不由自主地变扁平的。请他演

示给你看，这将省去你前往极地的旅程。

我们都知道，地球是一个行星。我们从希腊人那里继承了这个词，希腊人已经观察到一些星球在天空中永远处于运动状态，而其他一些星球显然是静止不动的。因此，他们称前者为“行星”或者“漫游者”，而称后者为“固定的星球”。因为他们没有望远镜，他们不能跟踪它们的运动轨迹。至于“星球”一词，我们不知道它的起源，但是也许它与梵语词根有关系，反过来，这个梵语词根又与动词“点缀”有联系。如果真是这么回事的话，那么星球的意思将会是小小的火焰“缀”满天际，这样一种描述是非常美而且也非常符合实际情况的。

地球围绕太阳旋转，并从太阳那里得到光和热。由于太阳是太阳系所有行星加起来的大小的700多倍，而且太阳表面的温度大约6000华氏度（约合3316摄氏度），因此，地球没有必要为从一个邻居那里获得那么一小点帮助而感到过意不去，这个邻居能很轻易地播撒这些少量的仁慈的光线，而且从不觉得有什么不同。

在古代，人们认为地球位于宇宙的中心，是一个小的、扁平的旱地圆盘，周围完全由海洋的水体所包围，它像一个脱离了地面的玩具气球一样悬在空中。几个比较有见识的希腊天文学家和数学家似乎已经对这种理论产生了深深的怀疑，认为这种理论一定是错了。在经过了几个世纪的非常艰苦且有条理的思考之后，他们得出的结论是：地球不是扁平的，而是圆的，它不是静静地悬在空中，也不是在宇宙的正中心，而是飘浮着，它围绕着一个比它大得多的、被称为太阳的物体以相当快的速度在太空中飞行。

同时，他们认为其他那些看上去和我们同处在一个环境中、围绕着我们旋转、被称为“恒星”的发光的小天体，其实是和我们共有一个太阳妈妈的伙伴行星，它们要服从同样的行为规范，这些规范约束我们自己的日常行为。比如按时起床和就寝，迫使我们沿着在我们出生时就已经为我们铺好了轨道行进，沿着这条轨道行进我们就不会迷失方向，不会有立即毁灭的危险。

在罗马帝国的最后200年时间里，那部分喜欢思考的人群认为这个假设是不证自明的，他们不再把它看成是一个论题。但是，4世纪初之后不久，教会成为至高无上的权威，持有这种观点的人就不再是安全的了，尤其是赞成地圆说的人。我们不应该苛责教会。首先，最早皈依基督教的人所属的社会阶层一般很少有机会接触到当时流行的学术知识。而且他们坚信，当基督回到他以前的受难地并将善良与邪恶分开的时候，世界的末日就快到了。他回来时光彩照人，每个人都能看到。他们就是这样进行推理的，而且按照他们自己的观点来看，这是十分正确的。如果事情果真是这样的话，那么世界必定是扁平的。因为如若不然，基督将不得不出现两次——一次是为了造福于西半球的人们；另一次是为了造福于那些住在世界另一边的人们。当然，这样的一种程序将会是滑稽可笑、不体面的，因而完全是不可能的。

因此，在差不多1000年的时间里，教会坚决向人们反复灌输这样的思想：地球是一个扁平的圆盘，它位于宇宙的中心。在学术圈里，少数几个修道院里的学者以及在一些发展迅速的城市里的天文学家中，古希腊的观念——即地球是圆的，并和许多其他的行星一起围绕太阳旋转——从来就没有被抛弃过。只是那些认同这种观念的人不敢公开谈论这个话题，而是把他们的这种观点作为秘密严守起来。因为他们知道，公开谈论这个话题只会惊扰几百万智力低下的市民的和平且安宁的生活，而不会使这个问题获得任何更有效的解决。

自从那时起，在很少例外的情况下，教会人员也不得不接受这样的观点：我们所生活的行星一定是一个球体。到15世纪末，支持这个古老的希腊理论的证据已经占有压倒性优势而无法驳倒。这种理论过去和现在都是基于下面的观察：

第一，事实是，当我们靠近一座山或者海上的一艘船时，我们首先看到的是山顶或者桅杆的顶端，只有当我们慢慢走近时，我们才能看到所观察的物体的其余部分。

第二，无论我们在什么位置，我们周围的景象看起来都是一个圆。因此，我们的目光一定是均等地从我们所观察的陆地或者海洋的每一个部位上移开，在一个气球上或者塔的顶端时，我们离地球的表面越远，那么这个圆就变得越大。如果地球碰巧是一个蛋的形状，我们会发现自己处于一个巨大的椭圆的中央。如果地球是一个正方形或者三角形，那么地平线也会是一个正方形或者三角形。

第三，当月球出现部分月蚀时，地球在月球上的阴影是圆的，而只有球

只有圆形的物体
才会造成圆形的阴影

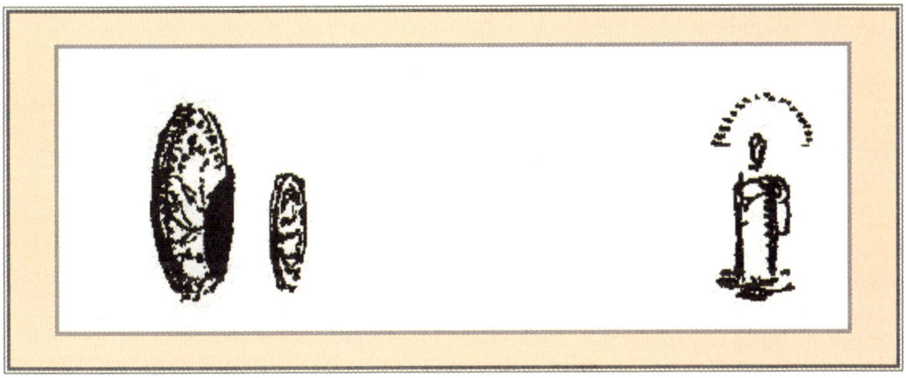

月食

体才会引起圆形的阴影。

第四，其他行星和恒星也是球形的，为什么在如此多的星体中唯独我们是一个例外呢？

第五，当麦哲伦的舰队向西航行了很长的距离后，他们最终发现又回到了出发的地方，而当库克船长做了同样的从西往东航行的事情后，他的远征队的幸存者也回到了他们起航的港口。

第六，当我们向北朝着极地方向旅行的时候，我们熟悉的星座（古代的黄道十二宫星座）变得越来越低，最后消失在地平线以下。但是，当我们离赤道越来越近的时候，它们又升起来，并且升得越来越高。

我希望我已经提出了足够的无可辩驳的事实来证明，我们碰巧生活于其上的行星一定是圆的。但是，假如这些证据仍不足以使你满意，那么你就去找任何一个可靠的物理学教授请教。他会从所有那些永远都会从高塔上落下的石头中拿出一块石头，然后用它来玩万有引力法则的把戏，以证明地球毫无疑义一定是个球体。如果他使用的是非常简单的语言，而且说话的速度不是太快，那么你可能会明白他的意思，但其前提条件是你得在数学和物理方面比我懂得多得多。

在这里我举出了大量的非常学术性的统计数据，而这些数据对你来说将毫无用处。一般人的大脑都比较简单，不能很轻松地进行这样的计算。就拿光来说吧，光以每秒18.6万英里的速度旅行，当你打一次响指的时候，它就绕地球旅行了7圈。然而，光以每秒18.6万英里的速度从最近的恒星出发，要走四又三分之一年后才能照在我们的眼睛上。阳光可以在8分钟之后到达我们这里，到达木星需要3分钟。但是，在航行科学中起非常重要作用的北极星，从它那里给我们发送一束光线需要40年。

唉，当我们被要求对这样的距离展开想象时，我们大多数人都会感到困惑，正是光年的概念，或者一年内光线传播的距离，或者（365×24×60×60×186000）英里，变成了如此大的数字，以至于通常我们会说："噢，是的。"然后出去和猫一起玩耍，或者打开收音机。

我们通过太空的速度
比古时的石弹要快得多

但是，我们对火车都很熟悉，那么，让我们试试这种方法吧。

一列普通的旅客列车如果日夜不停地运行，需要5~7年才能到达月球。但是如果它今天[1]就出发，要到公元2232年才能到达太阳。它需要运行8300年才能到达海王星所在的位置附近。然而，和通向最近的恒星的旅程相比，所有这些都还只是儿戏，因为那将意味着7500万年的旅程。至于北极星，列车需要走7亿年才能到达那里，而7亿年是一个长时间，一个非常长的时间。

现在我们所谈论的还只是宇宙中看得见的部分。在伽利略时代，天文学家借助一种简陋的装置观测天空，得出了一系列重大发现。和那个时代相比，现在的望远镜已改进了很多。即使如此，它们仍然不是十分完美，直至我们将镜头扩大1000倍，我们才取得比较大的进展。因此，当我们谈起宇宙时，我们真正指的是“宇宙中看得见的、已经处于人类的观察之下的，或者是那些现在已替代了人的肉眼的、灵敏的摄影底片所能观察到的那一小部分”。至于宇宙的其余部分，那是仍然看不见的部分。唉，我对此一无所知。更糟糕的是，我们甚至对这些部分不敢猜测。

在所有那些更靠近我们的几百万个恒定的或者其他种类的星球中，只有两个星球对我们的生存有非常直接且明显的影响，这两个星球就是太阳和月亮。太阳之所以对我们产生影响，是由于它每隔24小时就为我们星球的一半的地区提供光和热。而月亮对我们产生影响，是因为它离我们太近，以至于影响海洋的活动方式，并导致奇怪的水现象，这种现象我们称为“潮汐”。

月亮离我们真的很近。因此，尽管它比太阳小得多（如果我们用我们所熟悉的直径为3英尺的特大号地球仪代表太阳，那么地球将会是一粒绿

① 1932年。——译者注

豆那么大，而月亮则只有针尖那么大），但是月亮对地球表面的牵引力要比太阳大得多。

那几个斑点——这就是我们所知道的我们宇宙的全部

如果地球全部由固体物质构成，那么月亮的牵引力就很难产生影响。但是，差不多地球表面的四分之三是由水构成的，水跟随月亮在地球上穿行，就好像穿过一张纸向四周散开的铁屑，当你拿磁体在桌子上方移动时，这些铁屑会跟着移动。

一片宽达几百千米的水域，整日整夜地紧随月光流动。当它进入海湾、海港、河口，并且受到极大的压缩，于是产生20英尺、30英尺或者40英尺的潮汐，以至于要在这些水体里航行需要非常高的技术。当太阳和月亮碰巧在地球的同一边的时候，吸引力当然也比月亮单独在一边时要大得

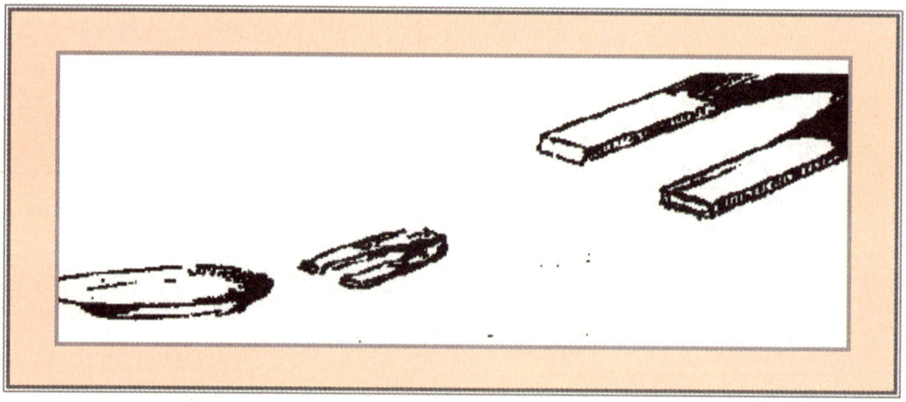

潮汐

大气层

多。于是，我们就有了所谓的“大潮”的说法，大潮在世界的许多地方有时非常类似于小规模的洪水。

地球完全由一层氮和氧所包围，这层氮和氧我们称为“大气”或者“空气”。这一层大气应该有大约300英里厚，而且它也随地球一同旋转，就像橘皮随同其所保护的橘肉一同旋转一样。

仅仅一年以前，一位瑞士教授专门设计了一个气球，并乘坐这个气球在空中上升10英里，进入以前从来没有到过的大气部分。这是一个非同寻常的壮举，但是仍有290英里的空间有待探索。

大气和地球以及海洋的表面一起构成试验室，在这个试验室里我们的各种天气，我们的风，我们的暴风雨、暴风雪以及我们的干旱时节，都被制造了出来。由于这些对我们生活的幸福和安康无时不产生影响，因此，我们应该在这里对此问题进行非常详细的讨论。

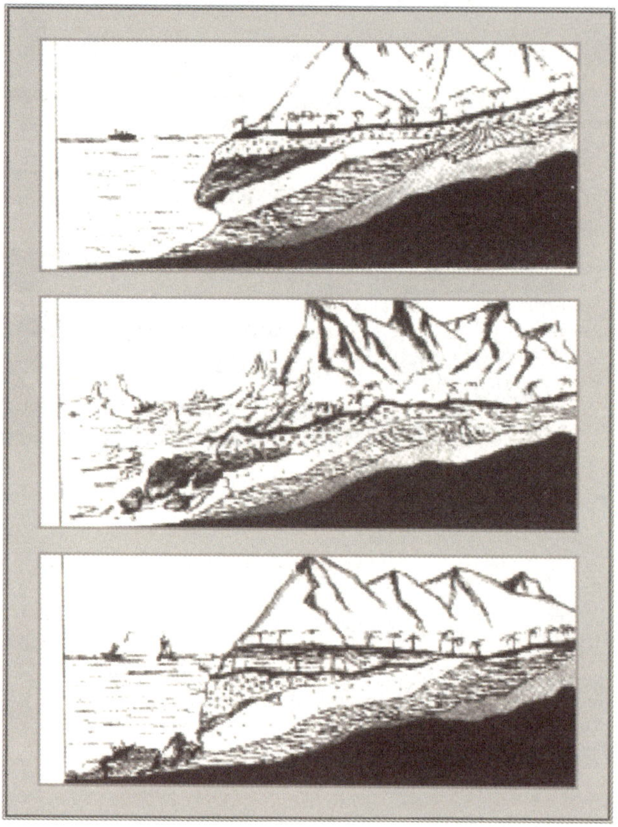

地震

使我们的气候成为这个样子的三个因素是土壤的温度、盛行风以及空气中的温度。最初，“气候”的意思是“地球的倾斜”。因为希腊人已经注意到，当地球表面越来越向两极倾斜时，那么他们所到的地方的温度和湿度也发生变化。这样，“气候”的意思就逐渐变成了任何特定地区的大气条件，而不是其精确的地理位置。

今天，当我们说起一个国家的气候的时候，我们是指在一年的不同季节里，在这个国家盛行的平均天气条件，我们就是在这种意义上使用这个词的。

首先，让我说一说那些神秘的、在人类文明进程起重大作用的风。因为如果没有赤道地区海洋的有规律的信风，那么美洲的发现可能会推迟到轮船出现的年代。如果没有载满露水的微风，那么加利福尼亚和地中海沿岸的国家将永远也不会达到将它们与北部和东部的邻国区别开来的繁荣的程度，更不用说那些岩石和沙子的颗粒了，这些颗粒被风吹起来，像一张张巨大的、无形的砂纸片，在经过数百万年磨碾之后，甚至会将最大的山脉从地球表面抹去。

“风”一词的字面意义是“蜿蜒而行”。风是一股从一个地方向另一个地方“蜿蜒而行”的气流。但是，为什么气流会从一个地方流向另一个地方呢？因为有些空气常常比其他的空气暖和，因此也相对轻一些，于是就有尽量可能上升的趋势。当这种情况发生时，就出现了一个真空。冷空气由于相对重一些，于是就涌进了这个真空中，因为两千年前希腊人就已经发现，“自然界憎恨真空”，而空气和水或者人类也同样是真空的憎恨者。

当然，我们知道如何在特定的房间里制造热空气——只要生一堆火就可以了。太阳就是众多行星中的火炉子，而行星就是要加热的房间。离火炉（沿着赤道）最近的地方所得到的热量当然是最多的，离火炉最远的地方（靠近北极和南极）所得到的热量是最少的。

现在火炉引起了空气的大运动——一种循环运动。热空气将向房顶方向上升。一旦它到达那里，它离当初的热源远了，于是它又开始冷却。冷却过程会使它不再轻盈，于是它又向地面回落。然而，一旦它的位置降低，它又会接触到火炉。于是，它又会变暖、变轻，从而又开始上升。如此往复，直到火炉被移出房间，这一过程才会停止。但是，那些在火炉燃烧时吸收了大量热量的墙体，会继续使房间保持温暖，其时间是长还是短，这要看构成墙体的材料而定。

我们可以把这些墙体比作我们碰巧生活的土地。沙子和岩石比被雨水浸泡的沼泽地吸收热量快，但是，出于同样的原因，它们散热也容易得多。结果，太阳落下后不久沙漠就会冷得让人难受，而森林在天黑之后的数小时里仍然是暖和而舒适的。

水是真正的热量贮存库。结果，所有那些在海上或者靠近海洋的国家，气温变化比那些内陆国家要平稳得多。

由于我们的太阳这个火炉在夏季比在冬季燃烧的时间要长得多，火势也猛得多，这样，夏季必定比冬季暖和。但是，还有其他一些因素影响太阳的运动。如果你想在一个特别寒冷的日子里用一个小电热器使洗澡间不那么寒冷，你知道这在很大程度上取决于这个小炉子所摆放的角度。对太阳来说，也同样如此。和极地附近的地区相比，在热带地区，太阳光照射到地球表面要直接得多。因此，一束均匀地直射在非洲森林或者南美洲荒野的100英里宽的阳光，可以将其全部的能量投给这100英里范围的区域，而不给其他地区。但是，在两极地区，100英里宽的阳光将要覆盖一片两倍宽的陆地或冰川。因此，极地附近的这100英里的阳光的加热功能将会被削减正好一半，就好比一个用油做燃料的火炉，本来用它可以使一套六居室的公寓保持舒适的温度，但却让它为一套十二居室的公寓提供同样舒适的温度，其结果当然是失败的。使我们的这个火炉的工作更显复杂的是这样的一个事实：太阳必须使环绕我们周围的大气保持一个均衡的温度。然而，它不能直接完成这个任务，它必须间接地通过地球来完成这个任务。

太阳光在到达我们的星球的过程中要穿过大气，但是它们穿过时很轻松，速度也很快，以至于对地球的这层忠实的覆盖物的温度几乎没有产生影响。接着，它们到达地球，地球贮存热量，并慢慢地将部分热量释放给大气。这也随之解释了为什么山顶那么冷。因为我们上升得越高，我们所感受到的来自地球的热量就越少。如果太阳直接给大气加热，大气转而又给地球

雨

加热的话，那么情况就会是另外一个样子，我们的山顶就不会被雪覆盖了。

现在，我们来解决这个问题中最难的部分。空气在我们的词汇中不仅仅是“空气”的意思。它有物质和重量。因此，低层的空气所承受的压力要比高层空气承受的压力大得多。当你想压平一片叶子或者一朵花时，你会将它放在一本书的页面之间，然后在上面摞上20本其他的书，因为你知道在底层的书所承受的压力最大。我们人类在生活中所承受的压力比我们大多数人所想象的大得多。每一平方英寸的压力是15磅。这就意味着，要不是我们幸运地在我们周围充满了同样的空气的话，那么我们就会被压扁。即使如此，3万磅（中等身材的人所承受的压力）也是一个相当大的重量了。如果你对这个话题有什么疑问，那么你不妨举起一辆小货车试试。

然而，在大气中压力不断地发生变化。我们通过伊凡吉利斯塔·托里拆利的发明知道了这一点。伊凡吉利斯塔·托里拆利是伽利略的学生，早在17世纪时，他就发明了气压计，通过这个著名的工具，我们能够测出白天或者夜晚任何时间里的空气压力的大小。

托里拆利的真空管一经投放市场，人们就开始用它们来做实验。他们发现，在海平面上每上升900英尺，压力就下降大约1英寸。接着，又有了另一个发现，这一发现使研究大气现象的气象学成为一门预测天气的可靠的科学。

某些物理学家和地理学家开始猜想，空气的压力和盛行风的方向之间存在着一定的联系，反之亦然。但是，要证实某种无可辩驳的控制所有的气流运动的定律，首先就有必要用几个世纪的时间来收集数据，从这些数据中得出一些明确的结论。当这项工作完成以后，人们发现，世界上某些地区的气压远远高于平均海平面的气压，而另外一些地区的气压又远低于平均海平面的气压。于是，第一种地区就被称为高压区；第二种地区被称为低压区。接下来已经获得公认的是，风总是会从高压区往低压区吹，风的速度和强度将取决于高压区的高压度以及低压区的低压度。当高压区的气压非常高而低压区的气压非常低时，那么风力就非常强——成为风暴、气旋或者飓风。

风不仅使我们的住所——地球——上的空气得到极大的流通，而且它也在雨量的分布上扮演了重要的角色，如果没有它，那么动植物的正常生长将是完全不可能的。

雨不过是从海洋、内陆江、河、湖以及内陆雪地上蒸发的水而已，这些水以水蒸汽的形式由空气传送。由于热空气所能够容纳的水蒸汽比冷空气多得多，因此，只要空气还没有变冷，那么水蒸汽的传送还是很容易的。接着，部分水蒸汽液化，并以雨、冰雹或者雪的形式落回到地球表面。

因此，任何地区的降雨量将几乎完全取决于其所受风力的大小。如果有山脉将沿海地区与大陆分开的话，那么沿海地区将会是多雨且潮湿的。因为当风被迫上升到地势较高的地区（在那里压力相对较低）的时候，随着它离海平面越来越远，它将会变冷，并将它所携带的水蒸汽以雨和雪的形式播撒下来，然后它又出现在山脉的另一边，这回它成了不带一滴水汽的干燥的风。

热带地区的降雨量既丰富又有规律性，因为陆地上的巨大的热量使空气

暴风雨毕竟只是局部现象

上升到一个非常高的高度，在这个高度上空气变冷却，被迫释放大部分的水汽，这些水汽以大雨的形式回到地球。但是，由于太阳不是总是正好在赤道上空，而是稍稍向北或向南偏移，赤道上的大部分地区都享受到四季，其中的两季中有很可怕的暴风雨，还有两季天气干旱。

但是，那些受从寒冷地区向暖和地区流动的稳定的气流控制的地区，情况要糟糕得多。因为当风从寒冷地区吹向炎热地区时，其吸收能力不断增强，因此，它并不释放其所携带的水汽，这样就使地球上的许多地区变成了沙漠，这些沙漠可能每10年才下一两次雨。

关于风和雨的一般性话题就说到这里。

现在，我想说一说关于地球本身以及我们所居住在其上面的由坚硬的岩石构成的薄薄的地壳。

许多理论都对我们星球的基本的内在性质进行描述，然而，我们对于这一主题还缺乏非常清晰的、确定的认识。

让我们更坦率一些吧，人类曾上过多高的天呢？人类曾入过多深的地呢？

在一个直径为3英尺的地球仪上，所凸显出来的珠穆朗玛峰大约有薄的卫生纸那么厚，菲律宾群岛以东的海洋最深处是用一个像邮票一样大小和形状的凹陷所表示。然而，我们却从来没有下降到海洋的最深处。我们曾经乘气球和飞行器到达过比喜马拉雅山脉中的这座大山顶部稍高点的位置，但是，结果是，即使瑞士的皮卡尔教授以及其他人进行了成功的飞越之后，仍然有29~30的大气有待探索。至于水，我们从来就没有下降到低于太平洋总深度的1/40的地方，顺便说一下，最深的海洋的深度比最高的山脉的高度要大。为什么会是这样，我们不清楚，但是，如果我们把各大洲的最高峰都塞到大洋的最深处，珠穆朗玛峰和阿空加瓜峰顶部将会没入海平面以下几千英尺的地方。

然而，根据我们目前所掌握的知识，这些事实根本不能说明地壳的起源及其随后的发展演变。我们也没有必要从火山中寻找我们星球的内在构造是什么的答案，因为我们逐渐认识到，那些火山并不是填充地球内部的热物质的出口。如果我的比喻不是特别令人讨厌的话，那么我就把它们比作地球的皮肤上长的疮，尽管肮脏不堪、疼痛难忍，但却从来没有深入病人身体的内部①。现在还有大约320座活火山。过去曾另有400座火山被列入活火山之列，但是，这些火山由于处于休眠状态，不再爆发，因而被归入一般的山脉之列。这些火山中的大部分都位于沿海附近。的确，世界上地壳活动最频繁的地区日本（地震仪显示该地每天有4次，或者每年有1447次轻微的火山爆发）是一个海岛，马提尼克岛以及喀拉喀托岛也是这样的，这两个岛是最近

①由于受当时的科学发展水平所局限，作者得出了这样错误的认识。实际上，火山正是由于地球内部岩浆等高温物质喷出地面而形成的。——译者注

地壳像海绵那样布满了洞

火山爆发中最具悲剧色彩的牺牲品。

由于海洋离火山很近，于是，人们很自然地就把所有的火山爆发解释为水渗入地球内部，从而引发一种巨大的锅炉爆炸，这种爆炸所引发的众所周知的灾难性后果就是岩浆、蒸气以及诸如此类物质的溢出。但是，此后，我们已经在离海洋几百英里的地区发现了几座活动非常频繁的火山，因此，这种理论也就失败了。等两个世纪以后再问这些问题吧，因为目前我们只能摇摇头并重复那句话："我们不知道。"

与此同时，地球表面又是怎样的呢？我们过去常常对不受时间变化影响的古老的岩石夸夸其谈。现代科学不那么自信，认为这种岩石和所有其他岩石都是有生命的东西，因此也在不断变化之中。雨水落在上面，风也吹在上面，它们一起以每10个世纪3英寸（1英寸＝2.54厘米）的速度消磨着山脉。如果没有反作用来抵消这些侵蚀的话，那么古老的山脉早就消失了，即使是喜马拉雅山也将会在大约1.16亿年后变成大平原。然而，存在着反作用，而且反作用还很大。

如果要想对我们周围所真正发生的事情至少有一个模糊的概念，那么拿出半打干净的手绢，将它们叠加地平铺在桌面上。然后，用你的两只手相向地非常缓慢地推这6块手绢。这时，你会看到一堆奇怪的皱褶起来的亚麻布，上面满是山脉、山谷、褶皱和逆褶皱，这一堆奇怪的皱褶的亚麻布非常像地球的外壳。这个外壳是一个巨大的结构的一部分，这个结构在太空中穿

你为什么不自己制造地震呢

行，并不断地丧失其热量。就像所有的正在冷却的物体一样，它在慢慢地收缩。你也许知道，当一个物体收缩时，其表面会出现奇怪的皱褶，就像几块手绢被挤在一起一样。

目前最合理的猜测（但是要记住那只是一种猜测）是：自从我们的星球——地球独立存在时起，其直径缩短了大约30英里。当你把它看成一条直线时，就似乎算不了什么。但是要记住，我们所要面对的是这个曲面的星球的巨大的体积。地球的表面积是19695万平方英里。在直径长度上哪怕只有几码的突然变化，也足以引起一场让我们任何人都无法生存的大灾难。

因此，自然慢慢地施展它的奇迹。当它让一大片广阔的水域变干时（犹他州的大盐湖正在快速地缩小，再过10万年，瑞士的康斯坦茨湖（今博登湖）将会消失，它会在世界的其他地区另外开辟一片水域；当它让某个山脉消失时（中欧的阿尔卑斯山在6000万年后将变得和美国的大草原一样平坦），那么在地球另外一个角落，另外一部分地壳就慢慢地开始变形，并皱褶成一座新的山脉。

尽管按规律，这种过程极其缓慢而且是逐步进行的，以至于我们看不到所发生的任何有形的变化，但至少我们相信这是真的。

然而，这种一般的规律也有一个例外。如果让自然自行其是的话，它是不会着急的。但是，当有了人类的帮助和支持，它有时会局促不安地表现出动作麻利的一面。自从人类真正进入了文明时代，发明了小蒸汽机和一根根小炸药棒之后，地球的表面就发生了如此快的变化，以至于我们的曾祖父如果回到我们中间来进行短暂的休假的话，他们将几乎认不出自己的牧场和花园。我们对木材的贪求以及由于我们的冷酷无情而将整个山脉的森林和灌木之类的植被砍光，已经使大片大片的地区变成原始的荒野。因为一旦森林不在了，那么牢固地附着在山坡坚硬表面的肥沃土壤就被无情地冲走了，贫瘠

山脉的隆起与销蚀

的山坡成为周围农村的威胁。于是，草皮和树根再也控制不住雨水了，雨水就以洪水和瀑布的方式奔流而下，流向山谷和平原，毁坏一路上遇到的一切东西。

不幸的是，刚才所说的并不是危言耸听。我们不必回到冰河时期，因为那时不知是什么原因，整个北欧和北美都处于一层厚厚的冰雪的覆盖之下，这些冰雪刨出了一些危险的、横贯整个山脉的凹槽。我们有必要回到罗马人的时代去看看，罗马人是一流的开拓者，他们在不到5代人的时间里，愚蠢地毁灭了所有有助于意大利这个国家保持均衡且平稳气温的东西，完全改变了他们自己半岛的气候。西班牙人对南美山脉的所作所为，是最近才发生的事，无须进一步说明，他们毁灭了由无数代吃苦耐劳的可怜的印第安人建造起来的梯田。

当然，要剥夺土著居民的生计并通过饥饿的方式来使他们屈服，那是最简单的办法——就像我们的政府灭绝美洲野牛，是将凶猛的印第安战士变成肮脏且懒散的保留区居民的最有效办法一样。但是，这些残忍且愚蠢的措施所带来的是惩罚，任何一个熟悉我们的平原或者安第斯山脉的人都会告诉你这一点。

幸运的是，这个问题最终和少数几个具有实际地理重要性的问题一道，引起了那些拥有权势地位的人的注意。今天，任何政府都已经不再允许这种对维系我们所有福祉的土地进行令人发指的侵扰行为了。我们对于发生在我们星球外壳的宇宙变化无法控制。然而，在一定程度上，我们可以在很多细节上进行控制，以使特定的区域降雨量更多一些或者更少一些，并阻止肥沃

美洲的冰川

欧洲的冰川

的地区变成荒凉的沙漠。我们也许对地球的内部一无所知，但是至少我们对其外部了解了很多。而且，我们每天都会增加一点有用的信息，并巧妙地用这种信息来造福大众。

但是，我遗憾地告诉大家，我们对于地球表面的更大部分的地区没有控制——这就是我们称为大洋和大海的地方。我们地球的差不多四分之三的地区都是无人居住区，因为它们被一层水体所覆盖，这层水体的深度是不等的，有的只有几英尺（近海），有的则是超过3.5万英尺的菲律宾东部的著名的“深渊”。

这层水体可以被分为三部分。其中最重要的是太平洋，其面积为6850万平方英里。大西洋面积是4100万平方英里，而印度洋面积是2900万平方英里[①]。另外，内陆海面积有2000万平方英里，湖泊和河流大约占100万平方英里。

①还有北冰洋，542.7万平方英里。——译者注

公元前 5000 万年

公元 1932 年

如果把世界最高的山放入位于菲律宾和日本之间的海洋深处，即使是珠穆朗玛峰也要低于水面7000多英尺，其他的就更不用说了。山的高度从高到低依次是（以作者所著时间为准）：1.珠穆朗玛峰；2.干城章嘉峰，也在亚洲，靠近尼泊尔；3.阿根廷的阿空加瓜峰；4.厄瓜多尔的钦博拉索山；5.阿拉斯加的麦金利山，这是北美洲的最高峰；6.非洲的乞力马扎罗山；7.加拿大的洛根山；8.高加索的厄尔布鲁士山，欧洲的最高峰；9.墨西哥的波波卡特佩特山；10.亚美尼亚的阿拉腊山，“诺亚方舟”就搁浅在此；11.法国阿尔卑斯山脉的勃朗峰；12.日本的富士山。喜马拉雅山脉有12座山峰高于阿空加瓜山，由于没有多少人知道，我在这里就不提它们了。

人类终年居住的最高地点如下：（顺序接上）1.中国西藏的嘎托；2.秘鲁的最高湖的喀喀湖；3.基多；4.波哥大，基多和波哥大都在南美洲；5.瑞士境内圣伯纳德山口的修道院是欧洲常年有人居住的最高地方；6.墨西哥城，这是北美洲最高的城市；7.最后是最低的一个地方，即死海，比海平面低1290英尺。

可能乍一看起来，这么大片的水体似乎完全是对上好的领土的浪费，而且它可能还会使我们遗憾地认为，我们的星球的潮湿好像是偶然因素造成的。因为当我们想到我们所掌控下的500万平方英里土地是沙漠，1900万平方英里的土地是大草原或者像西伯利亚那样的半无用的平原，而另外还有面积相当大的、有几百万平方英里的土地是没人居住的，因为它们要么地势太高（比如喜马拉雅山脉和阿尔卑斯山脉）而不适合我们居住，要么是太冷（比如北极和南极附近的地区），要么太潮湿（比如南美沼泽地），要么被太茂密的森林所覆盖（比如中部非洲的森林），因而必须被从5751万平方英里、被描述为“陆地”的土地中扣除。我们觉得，如果能额外增加几英里土地，我们一定会充分利用的。

但是，如果不是我们称为海洋的这个巨大的热量库的作用，我们能否生存下来还是一个巨大的疑问。史前时代的遗迹明确地告诉我们，曾经有一些时期的陆地比今天多，而水比今天少，然而，这些时期总是非常寒冷。如果我们目前的气候无限期地继续维持下去的话，那么目前水和陆地之间的四比一的比例是理想的，如果这种状况不被破坏的话，那么我们所有人的日子都会好过得多。

环绕着整个地球（在这方面古人的猜想是正确的）的巨大的海洋像地球的固体外壳一样，也处于不断的运动中。月球和太阳用其引力来吸引它，使它上升到相当高的高度。接着，白天的热量将它的一部分以蒸汽的形式带走。极地地区的寒冷气候给它覆盖一层冰。但是，从现实的角度来看，在直接影响我们的健康的事物中，气流或者风一定会因为它们对海洋表面的影响力而处于首要地位。

要是最高的山脉能倾倒进海洋最深的地方就好了

当你对着一盘汤长时间吹气的时候，你会发现汤开始向远离嘴的方向移动。当一定量的气流年复一年地撞击海洋表面，它们就会引起“漂流”，这些“漂流”将会朝远离气流的方向移动。只要大量的气流是来自不同的方向，那么这些不同的“漂流”就会互相抵消。但是，当风稳定时，就像从赤道两边吹来的风，那么“漂流”就会变成名副其实的洋流，而这些洋流对人类历史产生过非常重要的作用，使地球上的一些地区成为乐土，不然的话，这些地区就像格陵兰冰冷的海岸那样寒冷。

绘有这些海洋水域的地图会告诉你海洋水域的位置。太平洋有很多这样的洋流。这些水域中最重要的是由向北方向吹的信风所引起的日本暖流（蓝色盐洋流），其重要程度和大西洋的湾流一样。这个洋流在日本完成使命后，又穿过太平洋北部，给阿拉斯加带来好处，使阿拉斯加人的居住环境不至于太冷。接着，它急转南下，给加利福尼亚带来舒适的气候。

欧洲的冰川

但是，当我们谈起洋流时，首先想到的是墨西哥湾流，这是一种神秘的水体，约有50英里宽、2000英尺深，在无数个世纪里，它给欧洲北部的墨西哥湾带来了足量的热带热量，使英格兰、爱尔兰和所有北海国家的土壤肥沃起来。

墨西哥湾流自身也有一个有趣的经历。它起自著名的北大西洋涡流，北大西洋涡流是一种漂流，而不是一种潮流，它像一个巨大的旋涡在大西洋中部地区不停地旋转，将一汪半停滞的水体卷入其中，这一汪半停滞的水体已经成为亿万小鱼和浮游植物的家园，而且作为马尾藻海或者“海藻海”，它在早期航海历史上起了十分重要的作用。一旦信风将你的船只吹进了海藻海，那么你就完了。至少中世纪的水手们深信这一点。你的船只会被绵延数英里的结实的海藻缠住，船上的所有人会被慢慢地饿死和渴死，而令人毛骨悚然的残骸永远地留在那里，在晴朗的天空下上下起伏，似乎在轻轻地警告其他胆敢藐视上帝的人。

当哥伦布最终平安地通过这一带昏暗的水域的中心的时候，这就表明那个有关数英里的结实的海草的神话故事被过分地夸大了。但是即使是今天，“海藻海”这个名字对大多数人来说仍有些神秘和疑惑不解。这个名字听起来有些古老，它有点像但丁笔下描述的地狱。实际上，它远不如纽约中央公园的那个天鹅池令人神往。

还是让我们回到墨西哥湾流这个话题上来吧。北大西洋涡流最后流入了加勒比海。在那里从非洲沿岸向西流动的潮水加入进来。这两支潮流，再加上加勒比海本身拥有的海水，使得加勒比海不堪重负。就像一个茶杯里的水倒得太满一样，于是它就溢出流进了墨西哥湾。

墨西哥湾没有空间容纳所有这些多余的海水，于是，它就以佛罗里达和古巴之间的海峡为龙头，让水面宽阔的、被称为墨西哥湾流的热水流（华氏80度）源源不断地流出去。当墨西哥湾流流出这个龙头时，其流速达每小时5英里，这就是为什么驾驶旧式帆船的人对此地敬而远之的原因之一，他们宁愿绕道而行，也不愿逆这个严重阻碍其行程的水流而上。

从墨西哥湾出发，墨西哥湾流沿着美洲沿岸向北流去，最后随东部海岸形状的变化而发生偏移，当它开始穿过大西洋北部时，就在纽芬兰岛的大浅滩附近，它遇到了它自己的支流，即所谓的拉布拉多洋流，该洋流刚从格陵兰的冰川地区出发来到这里，和墨西哥湾流的温暖适宜相比，它冰凉冰凉的，让人望而生畏。由于这两支大的水流的汇聚而产生的可怕雾气，给大西洋这一地区带来了极坏的名声。同时，这也是这里出现大量的冰山的原因，这些冰山在过去50年的航海历史中起了非常坏的作用。因为在它们停留在坚固的格陵兰岛附近的时候（这些冰川仍然覆盖着这个巨大的岛屿的90%的面积），它们因太阳的照射而发生分裂，这些冰山慢慢地向南漂移，最后被卷入了由墨西哥湾流和拉布拉多洋流汇聚而产生的旋涡之中。

它们在那里一边旋转一边慢慢融化。但正是这种融化过程使这些冰山非常危险，因为只有冰山的顶部是可以看见的，而其粗糙的边缘则隐没在水下，而且隐没得很深，足以将船体像刀切黄油那样切开。整个这一地区现在被划为所有远洋轮船的禁驶区，并且美国巡逻舰队（一种特殊的、由所有国家提供经费的冰情巡逻舰队）经常对此地巡查，他们打碎小块的冰山，并警示过往船只大型冰山的所在位置。然而，渔船喜欢在这一地区作业，因为生长于北极并因此已适应拉布拉多洋流寒冷温度的鱼类，非常不喜欢墨西哥湾流的温热水体。当它们在选择是回到极地还是试图游过温暖的墨西哥湾暖流之间徘徊不前、犹豫不决时，它们就被法国渔民的网套住，这些法国渔民的祖先光顾具有传奇色彩的美国大浅滩的时间，比任何其他的人要早几百年。

宇宙中的邻居

04 欧洲的发现与生活在世界这个部分的人

居住在欧洲的人是北美洲和南美洲人口之和的两倍。在这一小块陆地的范围内所居住的人口数量比美洲、非洲和澳洲人口相加后的数量还要多。只有亚洲居民的数量才比欧洲的大。这些数字是比较准确的，因为它们是由与国际联盟有关系的国际统计学会收集来的，它集合了众多学者，这些学者能够用冷静且不偏不倚的眼光来看待这些问题，他们没有义务修改反馈信息来满足任何一个国家人民的自豪感。

然而，所有这一切都还是停留在政治经济学的手册上。这里我们所面临的问题是：欧洲大陆上的早期居民，这些在历史上起如此重要作用的人们来自何处？他们是第一批来到这里的人吗？我遗憾地告诉大家，这个

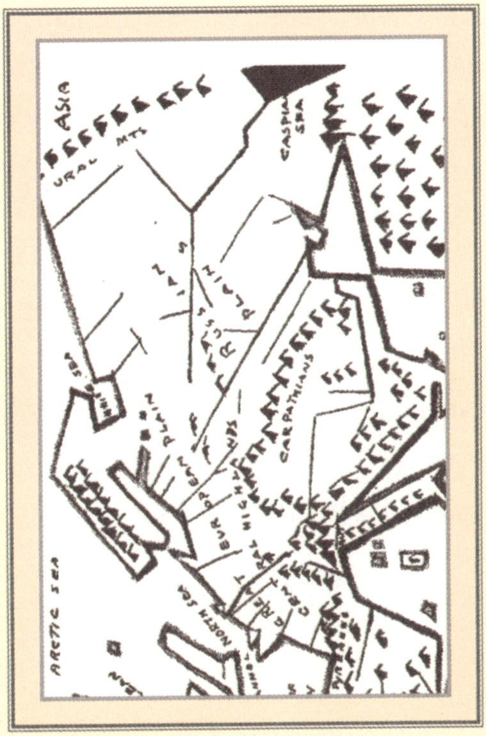

欧洲

问题的答案一定是非常模糊的。这些人可能来自亚洲，他们可能是通过乌拉尔山脉和里海之间的通道进入欧洲的，他们可能发现那里有更早的移民种族和更古老的文明。但是，在人类学家收集到比现在更多的资料之前，关于这些史前的入侵者的故事仍然非常模糊，以至于难以编入大众的地理手册之中，这些后来的移民是这里谈论的重点。

他们为什么要来呢？其原因和最近100年时间里迫使1亿多人从旧大陆迁徙到新世界的原因相同——因为他们饥饿，而且西方的土地为他们提供了更好的生存机会。

这些移民在欧洲到处抢夺地盘，就像后来的移民在美洲大平原上到处流散一样。在疯狂地哄抢土地和湖泊（在早期，一个湖泊甚至比一片土地更值钱）的过程中，各种“纯种血统”的痕迹迅速消失。在大西洋沿岸的难以接近的各个地区，或者在某个偏僻山谷的隐秘深处，几个弱小的种族仍在存续，他们为自己种族的纯正感到自豪，但是他们除了和外部世界没有联系之外，几乎没有什么聊以自慰的东西。因此，当我们今天说到“种族”时，我们已经抛弃了所有的绝对人种纯正的观念。

我们之所以用这个词汇，是为了方便于描述某些特定的大的人群，这些人群碰巧说同样的语言；他们有共同的历史起源；在最近的有书面历史记载的2000年时间里，他们已经形成了一定的性格特征和一定的思维和社会行为方式，而这些使他们意识到自己的归属，由于没有更好的词来表述，因此我们继续称之为“种群”。

根据这种种族的观念，今天在欧洲有3个大的种群和6个小的种群。

首先是日耳曼种族，如英国人、瑞典人、挪威人、丹麦人、荷兰人、佛兰德人以及部分瑞士人；其次便是拉丁种族，包括法国人、意大利人、西班牙人、葡萄牙人和罗马尼亚人；最后是斯拉夫种族，主要包括俄罗斯人、波兰人、捷克人、塞尔维亚人、保加利亚人。他们约占总人口的93%。

其余的是几百万马札尔人或者匈牙利人，人数稍少一点的芬兰人，还有大约100万具有土耳其血统的人（在君士坦丁堡附近的古老的土耳其帝国的一小部分残余），以及约300万的犹太人。接着，便是希腊人，他们已完全与其他种族融合，以至于只有那些更加类似于日耳曼种群而不类似于其他种群的人，我们才能猜测出他们的血统。接着，便是也可能是日耳曼血统的阿尔巴尼亚人，他们现在似乎落后于时代1000年。但是，他们安逸地定居在他们现在的农场里，这些农场在首批罗马人和希腊人出现在欧洲的大地上以前5～6个世纪时就已经创建了。最后是爱尔兰的凯尔特人、波罗的海的列特人和立陶宛人，以及吉卜赛人，他们的人数不确定，血统也不清楚，他们之所以引起人们的兴趣，主要是作为一种历史的警示：对那些迟到者，那些在最后一块土地也被别人瓜分了之后才出现的人，等待他们的将是什么命运？

05 亚洲的发现

2000年前，希腊地理学家为“亚洲”一词的原始含义相互间争斗不已。有一种理论认为，Ereb或者“黑暗”一词是来自小亚细亚的水手给西方的一块土地所取的名字，在这块土地上太阳下山了，Au或者“光辉”却照在东方的土地上。

通常，马可·波罗被说成是第一个访问亚洲的欧洲人。但是，在他之前还有其他人，尽管我们不能很确切地知道他们的情况。在地理学领域常常发生这样的事情，那就是，是战争而不是和平扩大了我们对亚洲地图的了解。有机会能和海外的人做生意使得希腊人增强了对小亚细亚的了解。特洛伊战争并不是没有教育作用的。实际上，罗马人对“外国”土地非常感兴趣，而且他们也为自己有这种喜好而感到非常高兴。作为一种能让他们在国内过上更加奢侈生活的收入来源，所有的外国都成为了他们磨坊里的谷物。

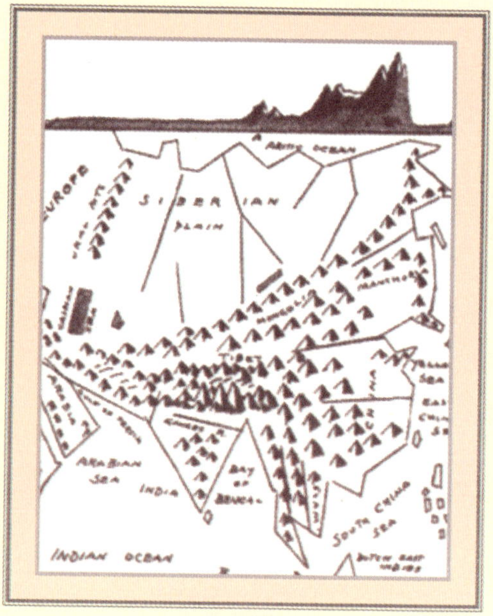

亚洲

十字军东征教会了欧洲一些关于小亚细亚、巴勒斯坦和埃及的事情，但是，他们眼中的世界到死海东岸就终止了。

最终使欧洲人具有“亚洲意识”的原因不是由于认真的“科学”探索，而是由于一个雇佣文人的工作，这个文人从来没有去过他所写的那些国家，他是一个贫穷的低级文人，正在寻找一个可能会让大众喜欢的题目来写。

马可·波罗的父亲和叔叔都是威尼斯商人，是他们所从事的生意使他们接触到了成吉思汗的孙子忽必烈。忽必烈碰巧是一个具有大智慧的人，他认为他的人民可以通过从西方引进一定数量的物品来获取好处。他听说有两个威尼斯人有时候会来到布哈拉，布哈拉这个国家在阿尔泰山脚下，位于阿姆河和锡尔河之间的土耳其斯坦。他邀请他们来北京，他们去了，并受到隆重的礼遇。几年以后，他们决定回家，可汗吩咐他们回家待一段时间，然后返回，并把他们经常谈到的聪明年轻的儿子和侄子马可带过来。

1275年，经过3年半的长途跋涉之后，波罗一家回到了北京。年轻的马可和他们所说的完全一样。于是，他成了北京宫廷里讨人喜欢的人，并且被提拔为一个省的长官，被授予头衔和荣誉。但是，24年之后，他想家了，于是，他就取道印度（他走印度的一部分路程是坐船通过的）、波斯和叙利亚，回到了威尼斯。

他的邻居对他的夸大其词的故事一点都不感兴趣，还给他取了个绰号叫“马可百万”，因为他总是告诉他们说，可汗多么有钱，在这个或者那个庙宇里又有多少个金雕像，某某宰相的小妾有多少件丝袍。众所周知，当时即使君士坦丁堡的皇帝的妻子也只有一双丝袜，那么他们为什么要相信这些奇闻呢？

如果威尼斯和热那亚之间当时没有发生一点小争吵，如果马可作为一条军舰上的指挥官，没有被胜利的热那亚人俘获的话，那么“马可百万”可能会死，那么他的故事也许会随他一同消亡。他被关押了一年，和一个来自比萨的名叫鲁斯梯谦的公民共住一个牢房。这个鲁斯梯谦曾经当过作家，他曾经使很多亚瑟王的故事和廉价的法国小说，以及中世纪尼克·卡特的那些东西非常流行，他很快就认识到了伟大的波罗的故事的宣传价值，在他们坐牢期间，他让马可把所有知道的事情都说出来，并把马可所说的一切事情都记了下来。他给世界写出了一本书，今天我们所读到的这本书的内容和它在14世纪首次出版时的内容是一样的。

让这本书的成功之处也许就在于它不断地提及各种黄金和财富。罗马人和希腊人曾经模模糊糊地提到东方统治者的富裕，但是，马可却去过现场，目睹了所有这一切东西。寻找去往印度的捷径的努力实际上就是从那个时候开始的，但是，这个任务是艰难的。

最后，在1486年，葡萄牙人到达了远至好望角的地方；10年以后，他们去了印度；40年以后，他们去了日本。同时，麦哲伦从东方回来的过程中，到达过菲律宾群岛。当时，对南亚的开发已经全面展开。

06 亚洲对世界其他地区的意义

如果说欧洲带给我们文明，那么亚洲则带给我们宗教。更为有趣的是，亚洲带给世界三个最伟大的一神论宗教，这三个一神论宗教现在统治着人类。犹太教、天主教和伊斯兰教都是起源于亚洲。令人感到惊奇的是，当宗教法庭审判者在对犹太教徒施予火刑时，执行者与受害人所信奉的都是亚洲的神；十字军东征的战士在杀害伊斯兰教徒时，或者反过来被伊斯兰教徒所杀时，实际上这是来自亚洲的两种教义的冲突所导致的相互之间的杀戮；而每当一个天主教传教士与儒家学派的追随者发生争论时，这两个人不过是在进行纯亚洲式的意见交换。

但是，亚洲不仅仅给予我们宗教的信仰，还给了我们建筑整个文明结构的基本原则。在我们最近的技术发明的全盛时期，我们会大声夸耀“我们西方伟大的进步”（我们有时候这样说）。但是，这种自我吹嘘的西方进步只是开

广阔的欧亚大陆

始于东方的进步的延续而已。毫无疑问，如果西方不是从东方这座学校里学到了各种事情的基本原理，它是否能够有所成就，还是一个大大的问号。

古希腊的智慧不是在大脑中自发形成的，数学、天文学、建筑学及医学，不会像女神帕拉斯·雅典娜一样，披坚执锐地从宙斯裂开的头颅中跳出来，准备好与人类的愚昧作战。它们是缓慢的、痛苦的、深思熟虑的积累过程，真正的先行工作是在幼发拉底河和底格里斯河沿岸完成的。

艺术和科学从巴比伦传到非洲，黑皮肤的埃及人掌握了它们；直到希腊人发明了几何图形，提出了完美的平衡原理，西方文明才达到一个足够的高度。从这一刻开始，我们才可以说出现了真正的“欧洲”科学。即便如此，“欧洲”科学还是有个在2000多年前就已存在并取得成功的亚洲祖先。

亚洲还把更多的福音赠予了我们。家畜、狗、猫及许多有用的四足动物，驯服的母牛和忠诚的马，还有羊和猪，这些都起源于亚洲。我们想一下，在蒸汽机发明以前这些动物所起到的作用，就会意识到我们欠了亚洲很多债。还要补充的是，我们菜单中的很大一部分菜，实际上几乎所有蔬菜和水果，大部分的鲜花及所有的家禽都来源于亚洲，它们多是由希腊人、罗马人或东征的十字军带到欧洲的。

然而，亚洲并非总是一个慷慨的东方主妇，将丰富的物产源源不断地从恒河和黄河边，带给西方贫穷的野蛮人。亚洲也曾经是一个可怕的工头。在5世纪时，曾经蹂躏过整个中欧的匈奴人就是亚洲血统。鞑靼人在7个世纪以后步其后尘，使俄国成了亚洲的属国，对欧洲其他国家也造成了长期的伤害，他们就是来自中亚的草原。土耳其人在长达5个世纪的时间里，导致那么多的流血和悲剧，并把东欧变成今天这副模样，他们也是亚洲的一个部落。

07 中亚高地

亚洲由5块面积不等的陆地组成，总面积有1700万平方英里。

首先，最靠近北极的地方坐落着一块大平原，然后是中部高地，接下来是西南高原，再往南是南部半岛，最后是东部半岛。

中亚高地起始部分地势比较平缓，是一系列低矮的群山，这些群山或多或少呈平行状，平等的山脉总是由东向西或由东南向西北延伸，但绝不会由北向南延伸。在许多地方，由于火山的猛烈喷发，地壳已经严重破裂、弯曲、起皱。这样，就形

亚洲的山口

成了贝加尔湖东边的雅布洛诺山脉、西边的杭爱山和阿尔泰山及巴尔喀什湖正东的天山这样不规则的轮廓。这些山的西边是平原,东边坐落着蒙古高原，那里有草原、戈壁和沙漠，成吉思汗的祖先的故乡就在这块草原、戈壁、沙漠上。

草原、戈壁、沙漠的西边，还有一个稍微低点的塔里木盆地。塔里木河谷在罗布泊附近消失得无影无踪了。罗布泊是由于瑞典旅行者斯文·赫定的发现而出了名的。在地图上，塔里木河看起来像是沙漠里的一条小溪。但事实上，它的长度是莱茵河的1.5倍。别忘了，亚洲所占陆地的比例是非常大的。

塔里木盆地的正北面，在阿尔泰山脉和天山山脉之间有一个缺口。这片土地在我们的地图集中提到过，这就是准噶尔盆地，它直接与吉尔吉斯大草原相连。它由一个巨大的谷地构成，这个谷地就是一个通道，所有的沙漠部落，匈奴人、鞑靼人、土耳其人通过这里开始远征，展开对欧洲的掠夺。

塔里木盆地以南，更精确地说是西南方，地形变得很复杂。帕米尔高原是一个高大的高原，它也被称为世界的屋脊，是它将塔里木盆地与阿姆河河谷隔开。希腊人早就知道，帕米尔山脉是从小亚细亚和美索不达米亚通往中国的直接通道。这中间有许多障碍，但可以穿越许多山口而通过。这些山口的平均高度在海拔15000英尺至16000英尺之间。记住，雷尼尔山的高度是14000英尺多一点，勃朗峰为15000英尺多一点，这样你就对这些山区有所了解了，这里的山口比美洲和欧洲的最高峰都高许多。

但帕米尔高原仅仅也只是个开始。它是大的山脊由此向四面八方辐射的一个端口。向北有天山山脉；有将塔里木盆地与西藏分开的昆仑山脉；有尽管不长，但是十分陡峭的喀喇昆仑山脉；最后还有喜马拉雅山脉，它从南部将中国与印度分开，它以海拔超过19000英尺或者说超过5.5英里的高度打破了所有的“海平面最高”的纪录，它的珠穆朗玛峰和干城章嘉峰都达到了这个高度。

关于西藏高原，它的平均高度在15000英尺以上，这的确是世界上最高的地方。南美洲玻利维亚高原的高度在11000英尺至13000英尺之间，但那里实际上是无人居住区。

中国西藏的事实表明了人体所能适应的空气压力的极限。那些跨越里奥格朗德山，已经在墨西哥首都愉快地小住过几天的美国人，还是会觉得不舒服，而那里的高度才7400英尺。事先就有人警告他们说，每当他们走半个街区的距离时，就不要像在家里时那么急，而要放松，直到心脏不再像大锤那样猛烈跳动时为止。西藏人一天不仅要走100个街区，而且还要背着这个地区所需的各种物资去穿越各个山口。这些山口对于骡马来说，通常显得太陡峭了，而这些山口是他们与外部世界联系的唯一通道。

尽管西藏比处于亚热带的西西里岛还要靠南约60英里，但是，此地每年至少有6个月时间是冰雪覆盖，温度常常是在−30℃以下。然而，这个高原上尽管可怕的风暴猛烈地刮过南部荒凉的盐沼泽，扬起的灰尘与雪给人们的生活带来极大的不便，但是它还是成为令人感到非常新奇的宗教场所。

西藏高原

在7世纪，佛教开始在西藏繁荣，拉萨对于佛教教徒，就有如罗马对于天主教徒，又有如麦加对于伊斯兰教徒——是最神圣的地方。

藏传佛教所信奉的并非是由那个文雅的印度王子所创立的纯粹的原始教义，那个印度王子生活和逝世于公元前6世纪。西藏一直是佛教的堡垒，在抵制从西边来的穆斯林和从印度南方来的异教宗派的冲击中起了很大的作用。它不断取得成功的原因可能部分地由于它的非常特殊的制度。

佛教徒相信灵魂可以转世。因而，乔达摩本人的灵魂也一定在世界上的某个地方延续着。所需做的就是找到他，使之成为忠诚信徒的首领。现在，我们不妨记住，比佛教晚出现很多年的基督教，其许多观点与制度，与它的老邻居和老对手是相同的。早在施洗者约翰隐退荒野之前，虔诚的佛教徒就有了避开魔鬼和肉欲的习惯。在圣西门爬上尼罗河河谷上的他的柱子顶端之前，佛教的僧侣们早就过着独身、贫穷和纯洁的生活了[①]。佛教的僧侣们还插手高级政治。成吉思汗的孙子忽必烈，也是一个虔诚的佛教徒，在他统治期间，指定了西藏一个重要的寺院的住持为全西藏的政治领导人。为了感恩，新的活佛以整个佛教世界精神领袖的身份，正式加冕这位鞑靼人可汗为蒙古皇帝，就如教皇利奥三世为查理曼大帝加冕一样。为了保持喇嘛在同一家族中的尊严（或者说至高无上的精神领袖），第一批达赖打破了过独身生活的规则，结婚并生了儿子以继承他们的地位。但到了14世纪，在西藏的僧人中出现了一位伟大的改革家，他是那种佛教中的马丁·路德式的人物。在他死后，古老的寺院秩序同以前一样得到了严格的恢复。他们的领袖，也就是那个被称作“如海洋一样大的喇嘛”的达赖喇嘛，又一次被全世界四分之一的人承认为他们精神的看护人。达赖喇嘛由班禅喇嘛或者说光荣的老师协助其工作，而班禅喇嘛就相当于副教皇。当时所施行的这种继承制度从来没

①苦行者圣西门（St.Simeon），他在一个60英尺高的柱子上活了30年。——译者注

有改变过。

不管是达赖还是班禅去世后，活着的那一个达赖或者班禅在其同事死后立即派人列出在西藏所出生的所有男孩的名单。因为他们相信，逝者的灵魂已经附在某一个男婴身上。经过长时间的祷告后，选了3个男孩的名字，并把他们的名字分别写在纸条上，放入小金瓶中。这个瓶子是几个世纪以前由一个中国皇帝给的，它专门用于这种场合。然后，西藏所有的大寺院住持聚集到达赖喇嘛的大殿里。在西藏，有3000多个这样的寺庙，但只有少数几个大的寺庙可以派遣代表到这个最重要的佛教寺院。经过一个星期的禁食与祈祷后，他们从金瓶中抽取一个名字，叫这个名字的小孩儿就被认为是活佛的转世化身，并且交给僧侣们让他们为他准备履行他的职责的事宜。

他的命运并不十分快乐。这种制度便于那些有权势的主持在幕后操纵他，使他成为一个懦弱的人，以便于他听从他们的命令，并使他们生活得舒服，而不顾及其他的六分之五的民众。这些民众不是僧侣，而是那些从事生产劳动并且因此要支持他们的精神导师的人。万一那个可怜的年轻人难以对付的话，那么还有几种聪明的办法和措施让他“回归天堂”。

尽管如此，这个制度一直延续了下来。不管是在12000英尺的高空中还是海平面上，这样的制度总是十分奏效。那些保护着西藏免受南面邻居的袭击的山脉给西藏提供了非常好的保护，以至于直到数年前还没有任何外国人涉足过这块延续了700多年的活佛的圣地。这些山脉经常被刊登在公共出版物上，以至于它们的知名度比弗蒙特山还要大。在我们这个喜欢创造纪录的时代中，人们用羡慕的眼光盯着最后的那个没人攀登的重要的山峰。埃佛勒斯峰是以一个工程队长的名字命名的。在19世纪中期，这位工程队长把喜马拉雅山脉的这个地区用地图画出来，以供英国人进行测量调查之用。这个山峰的高度为29000英尺，差不多是雷尼尔山的两倍。人们想尽一切办法去登上珠穆朗玛峰都未成功。1924年发起的伟大的珠穆朗玛峰远征到达了离顶峰数百码的地方，两名队员自愿进行最后的冲刺，他们装备了氧气瓶，与其他队友告别。最后看见他们，是在离顶峰600英尺的地方，从那以后他们就失踪了。珠穆朗玛峰仍然没有被征服。

但是，对于有抱负的登山者来说，这是一个理想中的区域。这个面积巨大的地区位于亚洲的心脏地带，这儿的山脉与瑞士的阿尔卑斯山相比较，后者当然就像小孩子在海边垒起的沙堆一般。首先，正如印度人所说的那样，这些终年积雪的山脉，差不多有阿尔卑斯山的两倍宽，面积是阿尔卑斯山的13倍多。这里的一些冰川是瑞士最重要的冰川的4倍长，40座独立山峰的海拔超过22000英尺，其中的几个山口的高度是阿尔卑斯山山

高山深谷

口的两倍多。

正如从西班牙延伸到新西兰巨大的地质褶皱的所有其他地区一样，喜马拉雅山相对年轻（甚至比阿尔卑斯山还年轻），其年龄在数百万年之内，还不是几亿年。需要很多霜冻和雨水才能摧毁它，并使之变平。但大自然的力量不利于岩石的形成，这种力量正在进行这种破坏活动。喜马拉雅山已经被50条小溪和河流造成的深谷切割成了不规则的碎块。印度的三大主要河流——印度河、恒河、布拉马普特拉河也在加速山体的解体。

从政治上说，喜马拉雅山拥有1500英里的巨大的长度，它所提供的多样性风景比任何其他山峰都要多。它还非常宽广，把好几个独立的国家囊括其中。它们中的一些国家，比如说尼泊尔这个著名的廓尔喀族人之乡，他们享有一定的独立性，其面积是瑞士共和国的4倍，居民差不多有600万，它的廓尔喀族人保持着一定程度的独立性。

最后，如果你再翻阅一下地图，将会看到关于印度河和布拉马普特拉河的一点奇怪的事情。莱茵河是从阿尔卑斯山流下来的，密苏里河是从落基山脉流下来的。与它们不同的是，印度河和布拉马普特拉河不是从喜马拉雅山流下来的，而是从喜马拉雅山主山脉的背后流出来的。印度河发源于喜马拉雅山与喀喇昆仑山之间；布拉马普特拉河则先是自西向东横穿西藏高原，然后转个急弯，开始自东向西流并与恒河汇合；恒河从喜马拉雅山与德干高原之间宽阔的谷地的中部穿过，而德干高原位于印度半岛的中部。

当然，流水有很强的侵蚀性作用，但是如果这两条河流在山脉形成以后才开始流动的话，那么它们自己开辟河道的可能性似乎不大。在地壳开始上升、挤压并慢慢形成那些巨大的褶皱之前，印度河和布拉马普特拉河就已经在那儿了，而那些巨大的褶皱将会成为现代世界最高的山脉。但是，山脉的升高非常缓慢（毕竟时间只是人类的一种发明，是永远没有时间限制的），

如果将最高的山峰倾入海洋最深处

以至于可以说，河流是借助它们的侵蚀力量，设法留在地面上的。

地质学家称，即使是现在，喜马拉雅山仍处于不断升高中。由于我们生活在其上的这层薄薄的凝固的外壳会像我们身体上的皮肤一样收缩和扩张，所以，地质学家的观点可能是正确的。我们肯定知道，瑞士的阿尔卑斯山正在自西向东缓慢地移动，而喜马拉雅山像南美的安第斯山脉一样，可能正在往上升。在大自然的实验室里，只有一种对所有的创造物都适用的法则——事物必须不断地变动，对那些违背者的惩罚就是死亡。

08 亚洲西部大高原

有一个宽大的山脉从帕米尔高原中部向正西方向延伸，最后到达黑海和爱琴海，实际上这个山脉只是由一系列高大的高原构成的。

这些高原都有为我们所熟悉的名字，因为它们在人类进步的历史上曾发挥过最重要的作用。我不妨更深入一点，说说这个最重要的作用。除非我们现在所有的人种学家所做出的推断

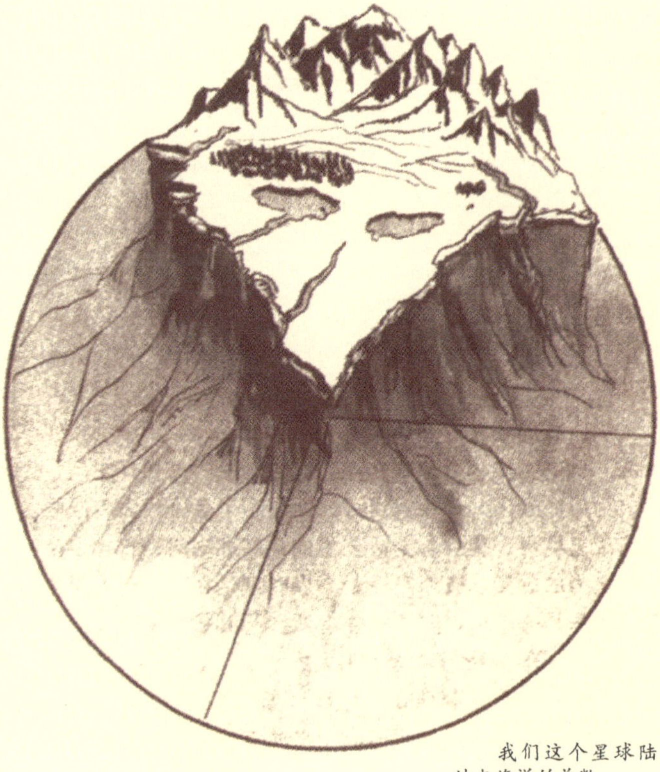

我们这个星球陆地与海洋的总数

是错误的，否则，印度河与东地中海沿岸之间的那些高地和河谷就不仅是孵化人类种族中的一个支脉的温床，而我们自己碰巧就属于这个支脉，而且还起到了一种文法学校的作用，在这种文法学校里，我们学到了初步的科学知识以及那些道德宗旨的首要原则，这些原则最终将人类与其他动物世界分开。

按照它们的顺序，这些高地中，第一个是伊朗高原。这是一片被高山环抱，海拔约3000英尺高的巨大的盐碱沙漠。它北靠里海和都兰沙漠，南临波斯湾和阿拉伯海，在它的北部和南部都没有足量的雨水，也无法在这个地区形成一条名副其实的河流。吉尔特尔山脉正好把俾路支①与印度分开，它从1887年起就成为英国领土的一部分。在这里，有几条不太重要的小溪，这些小溪最后汇入了印度河。但是，当年亚历山大大帝的军队在从印度返回的途中，大部分军队就覆没于此。自从那时起，这里的沙漠便让人闻风丧胆了。几年前，当阿富汗落入新任统治者手中时，阿富汗这个国家曾非常引人注目。这个新任统治者曾试图通过一次场面壮观的欧洲旅行来为他自己和他的国家做宣传。这个国家有条河流叫赫尔曼德河，这条河发源于兴都库什山脉，最后消失在伊朗与阿富汗边境上的锡斯坦盐湖之中，是兴都库什山脉从帕米尔高原向南延伸的高大山脉之一。然而，阿富汗的气候比俾路支地区要好得多，而且，在许多其他的方面，阿富汗都显得重要得多。连接印度、北亚以及欧洲的原始商道正是穿过了阿富汗中部。这条贸易走廊是从西北边疆省的首府白沙瓦到阿富汗首都喀布尔，通过著名的开伯尔山口，然后再穿越高大的阿富汗高原，最后到达西边的赫拉特。

大约50年前，俄罗斯与英国开始争夺对这个缓冲国的最终控制权。由于阿富汗人恰好人人都是杰出的战士，因此，这种由南至北的和平式的渗透必须特别小心慎重才能完成。第一次阿富汗战争在1838—1842年爆发，这场

①俾路支是巴基斯坦西部一沙漠地带，以伊朗、阿富汗和阿拉伯海为界。——译者注

灾难让人难以忘记，当时只有少数几个英国人回来报告所有其他的人在试图将不受欢迎的统治者强加给不愿接受该统治者的阿富汗人时，是如何被屠杀的；此后，英国人继续小心谨慎地穿过开伯尔山口。当1873年俄罗斯人占领了希瓦并向塔什干和撒马尔罕挺进时，英国人被迫转移，以免某一天清晨他们一觉醒来，听到沙皇军队在苏莱曼山那一边搞小规模的射击演习。因此，皇帝陛下的代表在伦敦，女王陛下的代表在圣彼得堡，向各自的帝国和王室政府保证，他们在阿富汗的行为毫无半点私欲；相反，是一个应该受到尊重和颂扬的善举。英俄双方政府的工程师正在制订周密的计划，来给可怜的阿富汗人带来福音，这些阿富汗人“因残酷的大自然的阻隔而失去直接通向海洋的机会”。由于有了铁路系统，从此以后，陷入黑暗中的阿富汗就可以直接分享西方文明所带来的福音了。不幸的是，这些宏伟的计划因第一次世界大战而受到了影响。俄国人的势力深入赫拉特，现在你能从赫拉特出发坐火车，经过土库曼社会主义苏维埃共和国（今土库曼斯坦）的梅尔夫，直达里海之滨的港口城市克拉斯诺沃茨克，然后转乘船只可抵达巴库和西欧。另一条路线是从梅尔夫出发，经过布哈拉到达乌兹别克共和国（今乌兹别克斯坦）的浩罕，而后从那里继续走，就抵达了巴尔克。巴尔克目前只能算得上是一个三流的村庄，它建立在古代的贝克特里亚的废墟上，而在3000年前贝克特里亚的地位就如今天的巴黎一样重要。它是由琐罗亚斯德（或者查拉图斯特拉）发起的那场高度民族化的宗教运动的原始中心，琐罗亚斯德不仅征服了波斯，并将其势力渗入远至地中海的地区，而且他的宗教经过一定形式的改革以后，深受罗马人的欢迎，以至于在很长的一段时期内，它成为基督教最强劲的竞争对手之一。

同时，英国人将他的铁路从海德拉巴推进到俾路支的吉达，再从吉达通到坎大哈，1880年，英国人在坎大哈为自己在第一次阿富汗战争的失败复了仇。

而伊朗高原还有一个地区值得我们去关注。今天，它仅仅存在于过去伟大的影子中，但是当波斯这个名字代表着在绘画、文学领域以及生活的高难艺术的最重要的东西中的精华时，它一定是一片非常令人感兴趣的土地。波斯的第一个光辉时代，可以追溯到公元前6世纪。当时，波斯是一个帝国的中心，这个帝国从马其顿一直延伸到印度。这个帝国被亚历山大大帝破坏了。然而，500年以后，在萨珊王朝的统治下，波斯又光复了古代的薛西斯与冈比西斯时代的领土。他们恢复了以前纯洁的琐罗亚斯德教信仰，收集经文并编辑成册，这就是大名鼎鼎的《阿维斯陀经注解》（*Zend-Avesta*）；并把沙漠变成了开满伊斯帕罕的玫瑰的地方。

早在7世纪的时候，阿拉伯人征服了波斯，伊斯兰教打败了琐罗亚斯德教。但是，如果人们果真可以通过一个国家的文学来了解这个国家的话，那么来自尼沙布尔帐篷制作商（tent-maker）之子奥玛尔①的作品，就见证了从前曾盛行于库尔德斯坦和呼罗珊之间的沙漠的高雅的品位。一个数学家教授将毕生的精力用在代数学和四行诗歌上，他的四行诗歌颂了爱情的欢愉和陈年红酒的甜美。这是一种罕见的现象，只有一种既智慧又成熟的文明才能允许他出现在教育的圣殿里。

然而，今天的人更多的是出于更实际的原因，才对波斯产生了兴趣。这个国度拥有石油，而对于一个国家而言，最糟糕的事，莫过于其羸弱的国力无法保卫自己的国家利益。从理论上讲，任何地方的本地居民，应该是埋藏在其祖先坟墓下面的宝藏的主要受益人，但是，现实的情况却并不是这样的。苏丹的几个亲密朋友虽然远在德黑兰，却因为拥有特许经营权而发了财，而居住在油井附近的几千人，却只能在那里找到临时的工作获取菲薄的收入。其余的财富都落入了外国投资者的口袋，而这些人只把波斯看成是一个地毯的名称而已。

不幸的是，波斯似乎总是处于贫困和管理不善的状态之中。它所在的

①奥玛尔，1025—1133年，波斯诗人、天文学家。——译者注

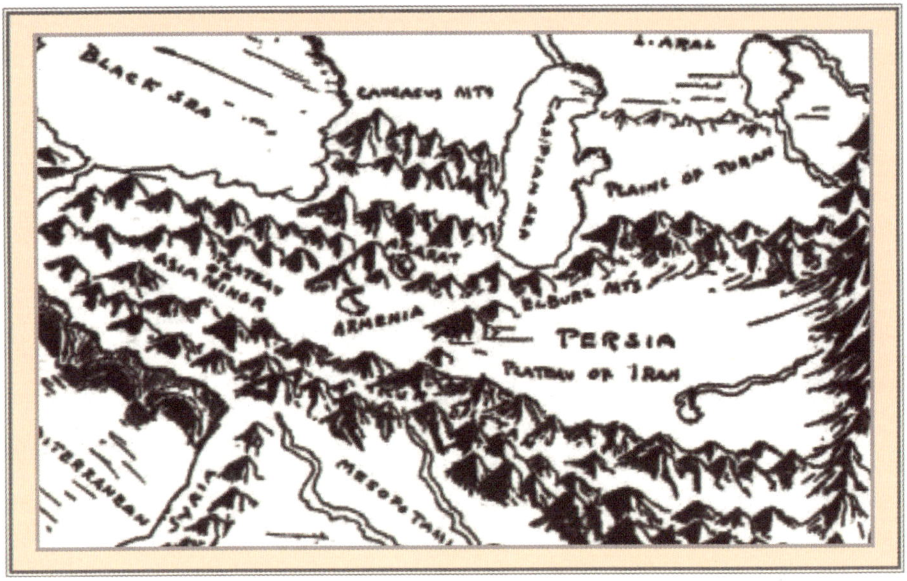

欧亚大陆桥

地理位置不但未能带来半点好处，反而给其带来了厄运。这儿就是一片沙漠，然而，当这片沙漠位于主干道，而这个主干道又是先后连接世界上最重要的两个地区的陆桥的一部分时，那么沙漠将永远会成为一个战场，成为敌对双方争夺的目标。我刚才说到的波斯就适用于整个西亚地区。在从帕米尔到地中海方向的一连串高原中，最后的高地就是亚美尼亚和小亚细亚。亚美尼亚是伊朗大高原向西部的延续，它是一块很古老的土地，这儿的火山土壤的形成时期很古老，人们受苦的历史也很古老。它是另一个起桥梁作用的地区。任何人想从欧洲抵达印度，都需要穿过高大的库尔德斯坦山脉的谷地。在这些旅行者中，总会混杂着一些臭名昭著、杀人不眨眼的人。它的历史可以追溯到大洪水时期。阿勒山是整个地区最高的山，其高度为海拔17000英尺，比埃里温平原差不多高出10000英尺，当大洪水退去之后，“诺亚方舟”靠岸之地就是阿勒山的顶部。对于这件事情，我们知道得很清楚。因为当时是在14世纪时初，比利时物理学家约翰·德·曼德维尔爵士曾考察过这个地方，他还发现了山顶附近有古老的船只的部分残骸。亚美尼亚属于地中海种群，因而是我们的近亲。但是，他们是什么时候来到这些山区的，仍然不能确定。然而，按照最新的死亡速率，亚美尼亚人很快就会灭绝了。仅仅在1895—1896这一年，当时统治这一地区的土耳其人就屠杀了数以万计的亚美尼亚人。

接着，我们将注意力从一贯受土耳其人的愤怒所伤害的受害者，转向土耳其人本身，我们再向西走一点，进入小亚细亚高原。

小亚细亚，曾经只是过去的苏丹帝国的一个行省，如今却成了土耳其人称霸世界的残存的梦。小亚细亚北靠黑海，西边是马尔马拉海、博斯普鲁斯海峡和达达尼尔海峡。这些水域将小亚细亚与欧洲隔开，南面是地中海，托罗斯山脉将内地与地中海隔开。小亚细亚这一地区比伊朗、波斯或者亚美尼亚的地势要低得多，横贯这一地区的是一条很著名的铁路，即所谓的巴格达铁路，在过去的30年历史中，这条铁路起了非常重要的作用。英国和德国都想拥有这条铁路的特许经营权，因为它将连接君士坦丁堡和底格里斯河畔的巴格达以及士麦那，士麦那是亚洲西岸的重要港口，亚洲西岸还有叙利亚的大马士革和阿拉伯的圣城麦地那。

英、德两国刚就此事达成协议，法国又站了出来，坚持要在铁路收益中分配到利益。法国因此获得了小亚细亚北部铁路的控制权。在这里，特拉布宗与西方的交通线还有待于适当的建设。于是，外国工程师就开始在这块古老的土地上进行道路的勘测工作。就在这片古老的大地上，雅典殖民地的希腊哲学家们首次对人和宇宙的本性进行了思考；也同样在这块古老的土地上，神圣的教会委员会给世界带来了一种铁一般坚固的信仰，欧洲人在这种信仰中生活了1000多年；这块古老的土地也是塔尔苏斯的保罗出生和布道的地方；这块古老的土地还是土耳其人和基督徒争夺地中海的世界霸权的地方。在这里的荒凉沙漠里的一个小村落里，一个骑着骆驼的阿拉伯人第一次梦想成为真主的一个同时也是唯一的先知。

按计划，这条铁路要远离海岸线，绕过了那些在古代和中世纪历史上几乎是具有传奇色彩的港口——阿达纳、亚历山大勒达、安蒂奥克、特里波利、贝鲁特、蒂尔、西顿以及巴勒斯坦多岩石领土上唯一的港口——雅法，此港为山区最主要的港口。

如德国人期望的那样，战争一爆发，新铁路线就扮演了极其重要的角色。由于这条新铁路使用的都是德国最好的设备，加上在君士坦丁堡停泊着两艘大型德国军舰，基于这两个非常实际的因素的“考虑”，土耳其人最后还是加入了同盟国而不是加入协约国。从战略的角度来说，这条铁路设计的合理性在其后的4年中得到了显现。因为这场战争的胜负最终取决于海上和西线战场。当西线全面崩溃很久之后，东线才败退下来。让全世界感到惊奇的是，土耳其人在1918年战争中的表现，与他们的祖先在1288年时的表现同样出色。1288年时，他们的祖先塞尔柱土耳其人征服了整个亚洲，并首次把渴望的目光投向了博斯普鲁斯海峡对岸的君士坦丁堡帝国那坚不可摧的城墙。

那时，山地高原已经非常富裕，因为小亚细亚尽管是欧亚之间的陆桥的一部分，但是，它从来未曾有过亚美尼亚和波斯伊朗高原那样的遭遇。这是因为，小亚细亚不仅是商业大道的一部分，而且还是印度及中国通往希腊与罗马的所有商道的终点站。因为在早期，地中海地区最具活力的学术活动和商业活动不是在希腊本土进行的，而是活跃于西亚诸城市，希腊本土的城市已经将这些西亚城市变成了希腊的殖民地。在这些殖民地上，古老的亚洲血统与新的种族相融合，最后就产生了一种无与伦比的绝顶睿智和敏锐的混合体。即使在现代地中海东部的诸民族中，从他们在商业守信和忠实老实问题上的那些臭名昭著的名声当中，我们也可以察觉到这个古老的种族一些特性。在长达500年的时间里，这个种族打败了许多敌人，存留了下来。

塞尔柱人统治的最终分崩离析是不可避免的。尽管土耳其人是一支处于退化变质中的力量，但他们常常所向披靡。但是，今天的这个小半岛实际上是古代奥斯曼帝国辉煌的残余。苏丹们已经销声匿迹。亚得里安堡是除君士坦丁堡之外的另一座留在欧洲的土耳其城市，土耳其人的祖先在这座城市居住了近百年之后，在1453年迁到了君士坦丁堡，在这个地方他们统治了整个巴尔干半岛、全部匈牙利和俄国南部的大部分地区。

在长达400年的时间里，难以形容的管理混乱使帝国遭到毁灭性的打击，并铸成了今天这样的局面。君士坦丁堡是商业垄断的最古老、最重要的范例。在几千年的时间里，它是俄罗斯南部的粮食贸易的基地；同样是这个君士坦丁堡，曾经受到大自然的恩宠，其港口逐渐成为著名的“金角”、“富角”，港口丰富的渔业资源可以使人们都不用受饿，如今，却已沦落为一个三流的省会城市。新土耳其主人们在宣布和平之后收拾残局，他们明智地认为，君士坦丁堡已经处于堕落变质之中，城市里杂居着希腊人、亚美尼亚人、地中海东部地区的人、斯拉夫人以及十字军的乌合之众，这座城市几乎不可能承担起恢复土耳其人的活力、将土耳其变成一个现代国家的任务。于是，这些新土耳其的国家领导人就为他们自己挑选了一个新首都，即位于安纳托利亚山脉中部的安卡拉，该城就在君士坦丁堡以东200英里的地方。

安卡拉也是个古老的城市，非常古老。公元前400年，有个叫作高卢的部落曾居住在这儿。就是同样的高卢人，后来占领了法兰西平原。同位于这个主要商道上的所有其他城市一样，安卡拉也曾历经变迁兴衰。它曾被十字军占据过，被鞑靼人践踏过，甚至晚至1832年时，连同整个周边地区都被一支埃及军队摧毁过。但是，凯末尔·帕夏在那里建立了他的新国家的首都。他清除了一切不能被融合的因素，用居住在土耳其的希腊人和亚美尼亚人换回了在其他国家居住的土耳其人。他用同样卓越的才华建立了他的军队和信誉。他使新土耳其得到了世界不断的关注。尽管上天都知道，在经过长达

1500年的战争和被忽视之后，安纳托利亚山脉已经生产不出什么足以让在借贷市场上寻找可能的机会的西方银行家认为有价值的东西了。

与此同时，小亚细亚仍然被认为是亚欧之间未来贸易往来最为重要的地区。士麦那正在恢复它以前的地位。以前，古代时期亚马孙族女战士们统治亚洲这个地区并建立了奇特的国家，在这个国家里所有的男孩都要被杀死，男人们每年只允许进来一次，其唯一的目的就是延续这一种族的香火。

再往北一点，穿过帕加马废墟（古代最大的文学艺术中心，为我们奉献了羊皮书资料），铁路线绕过特洛伊平原，与马尔马拉海边的班德尔马连在一起。从班德尔马乘船到斯库台湖，只需花费一天时间，在斯库台湖地区，著名的东方快车（伦敦—加莱—巴黎—维也纳—贝尔格莱德—索菲亚—君士坦丁堡）与开往安卡拉和麦地那的火车连在一起，同时也与另外一些火车相连，这些火车经过阿勒颇—大马士革—拿撒勒—卢德（去耶路撒冷和迦法，可以改乘汽车前往）—加沙—伊斯梅利亚—坎塔拉与苏伊士运河连接，并从苏伊士运河出发沿尼罗河而远达苏丹。

如果不是第一次世界大战的爆发，通过这条道路可以获得巨大的商业利润，通过铁路可以从西欧把货物和乘客运送到印度、中国和日本去，最远可达苏伊士运河，再从这些地区坐船走完其余的旅程。但是，4年的战火造成的巨大破坏需要时间来修复，在这之前，飞机可能会成为运送旅客的通用交通工具。

小亚细亚的东部居住着库尔德人，他们是亚美尼亚人自古以来的敌人。同苏格兰人和大部分山区人一样，库尔德人分成诸多部落，他们具有强烈的个人自尊心，而不喜欢商业文明或者工业文明。他们是一种十分古老的种族，在古巴比伦的楔形文字的铭文中就有所提及，而根据色诺芬的作品《万人撤退》，库尔德人和我们原本同属一个血统，但后来他们皈依了伊斯兰教。正因为如此，他们从来就不信任那些信仰基督的邻邦。但是，对第一次世界大战结束之后所成立的所有其他的穆斯林国家也是如此。他们这样做是有原因的，我们这些曾经在那个时期生活过的人都知道，当“官方谎言”成为一种国家战略时，人们就有理由对此记忆犹新。

当和平的时刻到来的时候，没有人对这一结果表示满意，旧恨未决，新仇又接踵而至。对于昔日土耳其帝国的部分地区，几个欧洲大国现在更是以“委托统治者”的身份指手画脚。而结果却证明，在对待土著人方面，这些委托统治者的所作所为同当年的土耳其人相比，其残酷程度一点也不少。

在叙利亚投入了大量钱财的法国人控制了叙利亚，他们组成了一个法国高级委员会，配备有大量的资金和军队，开始统治300多万叙利亚人。毫无疑问，这些叙利亚人没有被纳入欧洲的“托管地”。对他们而言，这就意味着成了殖民地，只是名字稍稍不那么难听而已。很快，前叙利亚的几个大民族就把他们之前的矛盾放在了一边，而有了共同的憎恨目标——法国人。库尔德人和他们的宿敌黎巴嫩的罗马天主教马龙教派达成了和解，基督徒不再虐待犹太人，犹太人也不再蔑视基督徒和穆斯林了。为了维持自己的统治，法国人不得不竖起了许多绞刑架。但是很显然，社会秩序被重构起来了，叙利亚不久就沦落成了第二个阿尔及利亚。但这不意味着叙利亚人比以前更喜欢他们的委任统治者了，而是他们的领导人被绞死了，其他的叙利亚人缺乏继续斗争的勇气。

在底格里斯河和幼发拉底河流域，出现了一个君主国，巴比伦和尼尼微的废墟现在成了伊拉克王国的一部分。但是，新的当权者并不能享有汉谟拉比或亚述巴尼拔那样自由行动的权利，因为，他们已成为英国的附庸，费萨尔国王如果需要做出某个比重新挖掘几条古巴比伦排水渠更重要的决定就需要得到伦敦的准许。

至于巴勒斯坦，也是这个地区的一部分。这是一个很奇异的国度，我将不得不只对它作简短描述，以免对一个小国的描述会挤占本书其余的空间。这个小国像石勒苏益格—荷尔施泰因一样，只不过是一个九流的欧洲公国。但是，不知什么原因，它在人类历史上所起的作用比许多一流帝国的作用还要大。

犹太人的原始祖先在离开了美索不达米亚东部荒凉的村庄后，穿过了阿拉伯沙漠的北部地区，跨过了西奈山与地中海之间的平原以后，先在埃及生活了几个世纪，最后又沿路返回。当他们来到朱迪亚山脉和地中海之间那一小片狭长的沃土上时，他们停下了脚步，与当地的原始土著人展开了激战，他们占领了原始土著人大量的村庄和城市，从而建立了自己独立的犹太国家。

他们在这里生活得并不十分舒适。在西侧，腓力斯人和来自克里特岛的非闪米特人移民完全控制了沿海地带，完全切断了犹太人通向公海的路；在东侧，有我们之前提到过的最奇特的自然现象，即在岩石中有一条自北笔直向南的、其深度低于海平面1300英尺的大裂谷，这条裂谷将他们的国家与亚洲其他地区隔开。这条大裂谷北起于黎巴嫩和前黎巴嫩山脉之间，沿着约旦

叙利亚城市——大马士革

河河谷、提比利亚湖或者加利利海（低于海平面526英尺）、死海（低于海平面1292英尺，而加利福尼亚的死亡谷只低于海平面276英尺，它是美洲大陆的最低点），然而从那里（约旦河最终注入死海，死海由于不断地蒸发，含盐量达25%），经过这片古老的土地，到达红海之角亚喀巴湾。

这条大裂谷的南面是世界上最炎热最荒凉的地区，充斥着沥青、硫磺、磷酸盐和其他可怕的成分，现代化学已经使这些东西成为非常值钱的东西（在第一次世界大战之前，德国人就建立了一个庞大的死海沥青公司），但是这些东西一定使从前的人们感到恐怖和害怕，使他们将所多玛和哥摩拉这两座城市在一次普通的地震中的毁灭归结于由他们的上帝表现出来的神的报复行为。

当最早的一批来自东方的移民翻越了与这条大裂谷平行的朱迪亚山的山岭后，这儿不同的气候和景象一定给他们留下了深刻的印象，他们可能会因为找到了一块“流淌着牛奶与蜂蜜的土地”而欢呼雀跃。现在到巴勒斯坦去的人，会发现那里几乎没有什么牛奶，蜜蜂也显然因为没有足够的鲜花而早就死了。然而，这并非人们常说的气候变化的结果，现在的气候与当年耶稣的信徒从达恩去贝尔谢巴时的气候相差不大。当年，他们没有费多大的劲就弄到了每天要吃的面包和黄油，因为一路上椰枣和本地佳酿到处都是，旅行者的简单需求都能在此得到满足。然后，整个面貌因为土耳其人和东征十字军而改变。独立时期和后来罗马人统治时期留下的古老的灌溉设施都被十字军破坏了，后来的土耳其人又把余下的部分摧毁了。这个只需要水就能够丰产的土地就这样彻底荒芜了。最后，十分之九的农民，或是坐以待毙，或是背井离乡。耶路撒冷沦落成了贝都因人的村庄，生活在这里的基督教派与他们的穆斯林邻居永无休止地进行着毫无意义的争斗。因为在穆斯林看来，耶路撒冷也是一座非常神圣的城市，阿拉伯人认为他们自己就是不幸的以实玛利的直系子孙。当年，在亚伯拉罕的已婚妻子——可怕的萨拉——的要求下，亚伯拉罕把以实玛利和他的母亲夏甲赶入了荒野。

但以实玛利和夏甲并没有像萨拉所计划的那样渴死。相反，以实玛利还娶了一个埃及女人为妻，并成为整个阿拉伯国家的缔造者。以实玛利和他的母亲死后就安葬在克尔白圣堂之外，克尔白圣堂是麦加所有圣地中最神圣的圣地的中心，所有的伊斯兰教徒在他一生中至少必须要来此地朝觐一次，不管路途有多么艰难或者遥远。

阿拉伯人征服耶路撒冷以后，他们就在那块岩石上建起了一座清真寺。根据传说，他们的远亲所罗门是亚伯拉罕的另一支嫡系后裔，所罗门在这一地方也曾建造过一座著名的寺庙。只有天知道这是发生在多少世纪以前的事。可是，为了争夺这块圣石以及建在它周围的那道墙的所有权（此墙有部分是正统犹太人传统上的“哭墙”），两个种族之间展开了持续不断的争斗，这两个种族就构成现在巴勒斯坦托管地的人口。

人们对未来还能指望什么呢？当英国人占领了耶路撒冷以后，他们发现这个地区80%的人为穆斯林（叙利亚人和阿拉伯人），20%是犹太人和基督教徒。英国作为现代世界最大的穆斯林帝国的统治者，不能去伤害他们那如此众多的忠实臣民的感情，也不敢将50万巴勒斯坦穆斯林交到20万犹太人手中任由其处置，而这些犹太人如果要对穆斯林大开杀戒的话，其理由实在是太多了。

这件事的结果就是，出现了凡尔赛和会之后的妥协方案。而这些方案让所有人都不满意。巴勒斯坦现为英国的托管地，英国军队在不同的民族之间维持秩序，总督从英国最知名的犹太人中选举而生，但是巴勒斯坦仍然是一个殖民地，并不能享受到完全的政治独立。在巴勒斯坦战争初期，贝尔福先生在谈到要把这些地区建成犹太种族未来的家园时，曾经口若悬河地讲到这种完全的政治独立，但是却讲得非常含糊。

如果犹太人清楚要在古老的祖国做什么，那么事情就会简单得多。东欧的正统犹太人，特别是俄国犹太人希望这里可以维持原样，建成一所规模宏大的神学院，里面建一个小型的希伯来人古迹博物馆，青年一代记住了先知的至理名言："死者应该埋葬死者。"他们感到，过多地哀叹往昔的荣耀与辉煌只会对明日的辉煌与荣耀产生不良的影响，他们希望把巴勒斯坦建设成为一个正常的现代化国家，就如同瑞士或丹麦那样的国家一样，这才是那些摆脱了对犹太隔离区生活的记忆的男男女女正在关心的事情，他们将兴趣更多地投向建设好的道路和灌溉渠，而不是和阿拉伯邻居争夺几块旧的石头，而这些旧石头可能是，也可能不是利百加用于取水的井里的石头，但是这种石头却成了进步的绊脚石。

由于巴勒斯坦的大部分地区是自东向西呈明显坡度的起伏地形，因此，实际上有可能对这些荒芜了的、地力耗尽了的土地进行开垦以用于农业生产。海风每天都吹拂着大部分地区，给整个地区带来了浓厚的露水，使之成为种植橄榄的理想场所，而杰里科这个建在可怕的死海地区的唯一重要城市，可能会再一次变成椰枣贸易的中心。

由于巴勒斯坦的土地上既无煤矿也无石油，因此这里不会引起外国企业家的注意。

耶路撒冷

09 阿拉伯半岛——何时是亚洲的一部分何时又不是

根据在我们普通地图册上的地图，或者根据地理手册，阿拉伯半岛是亚洲的一部分。但是，对一个不了解我们星球历史的来自火星的访客来说，就有可能得出不同的结论，以为著名的阿拉伯沙漠——内夫特沙漠——只不过是撒哈拉沙漠的延伸，只是那条被称为红海的无关紧要的印度洋浅湾将它与撒哈拉沙漠分隔开来了。

红海里布满了暗礁，其长度是宽度的6倍，平均深度约为300英寻（1英寻＝6英尺＝1.8288米），但在它与亚丁湾（实际上是印度洋的一部分）的相连处，其深度只有2~16英寻。这片处处是小的火山岛的红海，在波斯湾形成之前，很有可能原本是一个内陆湖泊，这个内陆湖泊直到波斯湾形成之后，才具有了海的地位，就如北海直到英吉利海峡出现之后才能称之为真正的海一样。

阿拉伯人对他们自己究竟属于亚洲人还是非洲人，一点兴趣也没有，因为他们称自己的国家为“阿拉伯人的岛屿”。这对一块面积是德国6倍大的土地来说，是一件勉为其难的称呼。这个地区的居民数量却与面积大小一点都不成正比，其人口还没有超过大伦敦区的人口。但这700万现代阿拉伯人的原始祖先，一定拥有超凡的体魄和顽强的精神，因为他们的原始祖先在没有得到大自然母亲一点帮助的情况下，以非同寻常的方式给整个世界留下了不可磨灭的印象。

首先，他们所居住的这片地区，气候条件不宜于人类生存。这个撒哈拉沙漠的延伸区不仅完全没有河流，而且还是地球上最热的地区之一，只有最南端和最东端的沿海地区潮湿多雨，这里实际上不适于欧洲人居住。但是，在半岛的中部和山脉高达6000英尺以上的西南部地区，气温的突然变化使人和动物都难以忍受。天一变黑，气温的变化就马上开始，在半小时内，温度计就会从华氏80度降到华氏20度。如此巨大的温差，导致人和动物都很难适应。

如果没有地下水，那么内陆地区都会变为无人区。而除了紧靠英国的亚丁居民区以北的地区外，沿海地区也好不了多少。

然而，从商业角度来看，整个神圣的半岛还敌不过曼哈顿岛的低地地区。

足以让人感到奇怪的是，阿拉伯半岛从来没有出现一个像法国和瑞典那样的国家。第一次世界大战期间，协约国急需外界的帮助，就到处不负责任地乱许诺。结果，就冒出了13个所谓的独立国家，这些国家从波斯湾一直延伸到亚喀巴湾之间，甚至延伸到更北的地区。在这个北部地区，由一个听命于耶路撒冷的埃米尔统治的外约旦将巴勒斯坦和叙利亚沙漠隔开。但是这些国家中的大多数只不过是名义上的。

10 菲律宾群岛：原墨西哥的一个行政区

从堪察加半岛一直到爪哇岛，有一个半圆弧形岛屿群，菲律宾群岛就是其中的一部分。这些小块的陆地仍然是旧大陆外部边缘的剩余部分，当太平洋的海水淹没了那些当时被称为日本海、中国东海和南中国海的谷地的底部时，这些小块陆地因为地势足够高因而露出了海平面。

菲律宾群岛有7000多个岛屿，但其中只有462个岛屿的面积超过1平方英里，其他的岛屿只是些大的悬崖，或者是小块的沼泽，它们非常小，以至于只有四分之一的岛屿有名字。菲律宾群岛的总面积大约是英格兰和苏格兰的面积之和，土著人口有1100万，大量的是中国人和日本人，还有约10万白人。尽管今天我们只能找到25个真正的火山，但是，整个群岛曾经一定是火山高发区。即使如此，在这仅有的25座火山中，除了两三座活火山以外，其他的似乎都处于静默之中。

为此，我们应该庆幸一下，因为，从地质学的角度而言，菲律宾所处的位置非常危险。迄今为止我们所能够找到的地球上最深的海沟，就是在菲律宾的东面。这个海沟我已经告诉过你。这个地方非常深，以至于如果我们把它作为墓地来安放喜马拉雅山的话，那么地球上的最高峰珠穆朗玛峰的顶端仍位于海平面7000英尺之下。如果万一有什么东西滑进了这个世界上的小角落，那么将有可能什么痕迹都不会留下来。

菲律宾群岛中最重要的岛屿是吕宋岛。吕宋岛的形状像蝌蚪，中间高高隆起，最高点有7000英尺。整个群岛中最重要的城市以及首都位于吕宋岛的东岸，它的名字叫马尼拉。1571年西班牙人在一处古老的伊斯兰教居民区的废墟上建起了这座城市，城市的名字来源于当地到处都盛产的一种叫尼拉的野草。1590年，西班牙人又建造了城墙，而这些城墙的生命力后来证明比它们的建造者统治的时间更长。

即使在西班牙人糟糕的管理之下，马尼拉还是很快发展成为整个远东地区最重要的商贸中心。马尼拉港停满了从中国、日本、印度，甚至于遥远的阿拉伯开来的船只。他们来的目的是要用他们的商品来换那些欧洲人的产品，这些欧洲人的产品是西班牙人通过他们在中美洲的墨西哥领地转运过来的。

吕宋岛的南面还散落着十几个较大的岛屿，萨马岛、班乃岛（岛上有名城伊洛伊洛，它是菲律宾第二大城市）、内格罗斯岛和宿务岛是其中几个比较著名的岛屿。再往南是棉兰老岛，棉兰老岛比吕宋岛只小一点。棉兰老岛因顽强抵抗而出名，岛上信奉伊斯兰教的土著摩洛人为了维护自己的独立，曾与西班牙人和美国人做过抗争。棉兰老岛上最大的城市是三宝颜，该城市面朝苏禄海。因为一般来说菲律宾人对太平洋没有兴趣，他们真正的兴趣在西方，他们和西方人做生意，他们的宗教、关于文明的最初概念都是来源于西方。东方人发现菲律宾纯粹是个意外。

麦哲伦于1521年在菲律宾群岛登陆，尽管他是葡萄牙人，但是受雇于西班牙国王，取道向东的路线，朝印度洋开去，就是为了搞清富庶的香料群岛摩鹿加群岛到底位于教皇赐给葡萄牙的东西印度群岛那一部分还是给予西班牙的那一部分，后来证明葡萄牙人是正确的。摩鹿加也就纳入葡萄牙人的版图。但是，没过多久又落入荷兰人手中。但是，西班牙人在这次航行中意外地发现了菲律宾群岛。为了自己的利益，他们占据了该群岛，并由西班牙在墨西哥的机构管辖。

11 荷属东印度群岛：四两拨千斤

日本、中国台湾和菲律宾群岛仅仅是古老的亚洲大陆山体的外部边缘，经过数百万年以后，太平洋的水体将它们与大陆分开。

另外，马来群岛（马来西亚、印度尼西亚、印度群岛和荷属东印度群岛——它有许多不同的名称）不仅仅是古老亚洲大陆的外部边缘部分，而且是一个面积相当于中国大的半岛残余物，这些残留物从缅甸、暹罗（今泰国）和交趾支那（今越南）向东延伸到澳大利亚。在地质形成历史的早期，这个半岛

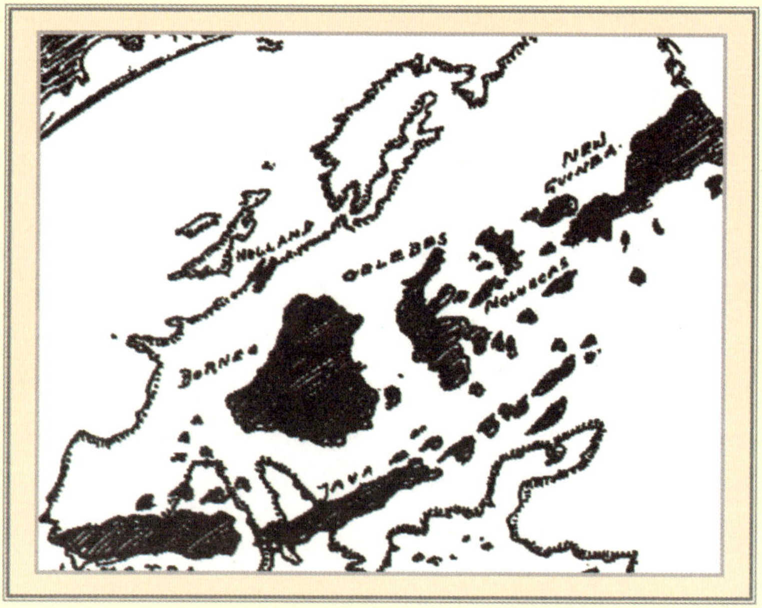

荷属东印度群岛与欧洲对照图

或许直接同亚洲大陆相连（当时的亚洲大陆比现在大许多），后来在我们更加熟悉一点的时期里，一条狭窄的水带把此半岛与澳大利亚隔开，这条水带比现在位于昆士兰和新几内亚岛之间的托雷斯海峡宽不了多少。

这种巨大的变化所带来的是使一块巨大的陆地变为一群奇形怪状的岛屿，这些岛屿从大小相当于整个斯堪的纳维亚半岛的婆罗洲向下一直延伸到几千个小块的岩石，这些岩石碰巧又位于最不方便航行的地方。造成这种巨大变化的原因并不复杂。该地区位于火山活动最为活跃的地带，即使是今天，爪哇岛上仍保留着火山活动所留下的带状物。然而，在过去的300年中，爪哇岛上的120多座火山，像稍西一点的苏门答腊岛上的火山一样，表现得还算规规矩矩。

印度古老的宗教——婆罗门教在爪哇人中得到普遍传播。在节日时节，祭司们有时候把活人投入冒着沸腾岩浆的火山口中，为的是讨好安抚地下的神灵——这种办法还真有效果，因为虽然火山继续喷出浓烟并隆隆作响，有时还狂暴地发作，但是，在几百年的时间里，一直都没有引起大的灾难。

但是，喀拉喀托火山的残留却还在那里，它向人们发出可怕的警告，有可能随时再次喷发。1883年8月26日上午，位于苏门答腊岛与爪哇岛之间的喀拉喀托火山，就如同它自从史前时代的那次爆发以后所一贯表现的那样，冲开了火山口的顶部，将整个岛屿肢解成了几个小块。这次火山喷发在岛上没有引起多大的灾难，因为喀拉喀托岛上并无居民。但是在海洋上所引发的灾难就大得多，火山喷发引起的高达50多英尺的巨浪，席卷了爪哇岛沿岸地区，吞噬了36000条人命；这些巨浪还冲毁了港口和村庄，摧毁了大型船只，就好像这些船只是引火用的木柴一样。巨浪还波及了锡兰①和毛里求斯，就算是远在8000英里以外的合恩角附近，也可以清晰地看到惊天的巨

①锡兰，Ceylon，即斯里兰卡。——译者注

浪，甚至在距离巽他海峡11000英里远的英吉利海峡，也能隐约观察到巨浪。

一年以前，喀拉喀托火山的残余再一次有活动的迹象，但没有人能预测到究竟这种地下的闪电在何时、何地再度点燃。那里的居民像生活在类似环境中的其他民族一样，他们没把这当回事，其关心程度就像是我们一个住宅区里的一个小男孩儿在意大利聚居区那拥挤的街道上打棒球时，所表现出的对穿过其棒球场地的来往卡车的关心程度一样。

28%的爪哇土地为火山土，这种土壤如果进行适当的耕种，其作物完全可以做到一年三熟。

至于气候，这儿尽管比较炎热，适宜于各种已知的热带植物的生长，但也不酷热，这里山区的气候比纽约或者华盛顿的夏季气候更宜人。爪哇和荷属东印度群岛的其他岛屿，尽管离赤道很近，白天和夜晚几乎一样长，但由于四周环海，所以空气湿度大，气温在华氏66度到华氏96度之间，年平均气温为华氏79度。季节的更替也很有规律。由西部季风所带来的雨季（这是一个阿拉伯词汇，意思是“季节”，是从世界上的这个地区定期吹来的季节风

的名字）从11月持续到次年的3月，在这期间每天下雨的时间是固定的；紧跟其后的季节是所谓的旱季，这个季节根本不会下雨。中间有一个很短的时间称为“斜季”。

爪哇岛仅仅622英里长、121英里宽，它就像一种矩形的防波堤一样，保护内部群岛中的岛屿不受南印度洋猛烈的海浪的袭击。由于这个岛上有宜人的气候条件，所以它几乎能够养活4200万人口，而苏门答腊岛和婆罗洲岛，面积虽然要比爪哇岛大得多，却只有爪哇岛人口的十分之一。因为这里土壤非常肥沃，这个岛从很早的时候起就受到了白人的关注。

葡萄牙人最早出现在这一地区，接着，英国人和荷兰人也来了。但英国人逐步将力量集中到去开发英属印度地区，而将爪哇和其他马来西亚岛屿留给了荷兰人。荷兰人知道，无论好坏，总有一天那些土著人会坚决要求自由的，所以，他们尽可能少地干涉土著人的事情，并且逐渐越来越多地吸收土著人参与他们自己国家的管理。

在其他的荷属殖民地岛屿中，没有一个地方像爪哇岛这样得到了高度的开发。西里伯斯岛是一个奇形怪状的、像蜘蛛足一样细长的岛屿，它位于摩鹿加群岛（即原来的香料群岛，英国人、葡萄牙人、西班牙人和荷兰人为了争夺该群岛，在整个17世纪里都在互相激烈地厮杀）的西面，荷兰人正在慢

太平洋

慢地把它改造成第二个爪哇岛。望加锡是一个盛产石油的城市，我们维多利亚时代的祖父们用望加锡油来装饰锁具，我们维多利亚时代的祖母们用它来不停地编织椅背套。今天的望加锡已经是爪哇海地区最重要的城市之一，与爪哇岛北岸的主要港口苏腊巴亚和三宝垄都有固定的贸易往来，与丹戎不碌也有固定的联系。丹戎不碌是巴达维亚的港口，是首都，就像维尔特雷登是住宅区，茂物是政府所在地一样。

摩鹿加群岛如今已不如以前富裕了，但他们的居民安汶人仍然以他们的航海能力而闻名。400年前，安汶人曾是太平洋上令各地的人们闻风丧胆的贪婪的食人族。今天，他们虽然是虔诚的基督教徒，但令人奇怪的是，荷属东印度军队中最善战的兵团是安汶人。

婆罗洲是淹没在水中的亚洲半岛的主要残留部分。由于该岛当地有一种奇怪的信仰，那就是用猎取的人头来祭奉神灵，这就使岛上的人口稀少。荷兰人一直都在采取最严厉的惩罚措施去遏制这种流行的娱乐方式。但是，即使到今天，在该岛内部，青年男子想要结婚，也必须获取至少一枚人头才是值得称赞的。这种长期的互相杀戮（婆罗洲人自豪而且满不在乎地展示他们那令人厌恶的战利品，就像一个高尔夫球选手在展示他们的奖杯一样）导致居民人数不足。但是，现在河流终于开放了，石油、煤炭和钻石开发公司在此修路，野蛮的土著人也渐渐被说服，开始安心地从事农业。因此，随着时间的推移，婆罗洲这个岛屿可以一点不差地养活它目前20倍的人口。

婆罗洲的北部属于英国。这个西北角落是一个独立的国家，它叫沙捞越（今属马来西亚，一般指砂拉越州），是由一个著名的英国人布鲁克斯王公的后裔所统治。当年，布鲁克斯王公作为詹姆斯·布鲁克斯爵士来到这个岛屿镇压了当地的一次叛乱并留下来，成为一个独立的君主。

12 澳大利亚：大自然的继子

据说，在谈到大自然挥霍浪费的方式以及造物主造物时的漫不经心时，已故的德国著名科学家、生理光学领域的专家赫尔曼·路德维格·冯·赫尔姆霍茨曾说过这样的话，假如有仪器制造商，敢把像人眼一样笨拙的仪器送给他，他将公开谴责这个一无所知的能力不全的笨蛋。

我很庆幸，赫尔姆霍茨没有将他的研究扩展到生理学和电学以外，因为我讨厌复述他所说的关于神如何对我们的星球进行地理上的安排的事。

以格陵兰岛为例。这个岛几乎都埋在几千英尺深的冰雪之下，如果这个47000平方英里的岛屿移到大海的中央，那么，它可以养活数百万人口。而现在它只能勉强养活几千只北极熊和少数的因纽特人。但是还有比格陵兰岛情况更糟的例子，这就是澳大利亚。因为澳大利亚尽管被正式登记为一个大洲，但实际上它恰恰根本就不像一个井然有序的大陆。

第一，它的地理位置很不妙，以至于尽管葡萄牙人、西班牙人和荷兰人100多年来都对其存在持怀疑态度，并尽了他们最大的努力去发现它。但是，实际上在1642年以前，这块差不多300万平方英里的土地，都不为白人所知。1642年时，亚伯·塔斯曼扛着荷属东印度公司的旗帜，绕着这个地区航行一圈后，以荷兰联邦的名义占领了它。

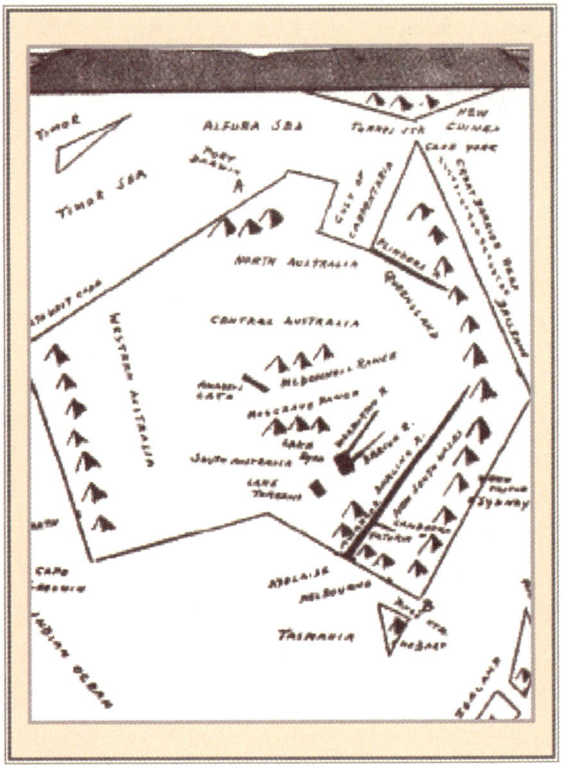

澳大利亚

第二，澳大利亚东部沿岸以及南部沿海地区的东部气候还不错，这里拥有阿德莱德、墨尔本、悉尼和布里斯班4座大城市。但是北部沿海地区潮湿得让人感觉不舒适，而西部沿海地区又过于干燥，也让人感觉不舒服，这就意味着最适合人居住的地区，也是离连接亚洲、非洲和欧洲的大商道最远的地区。

第三，整个内陆地区都是沙漠，滴雨不下。地下水补给的情况也十分糟糕，以至于要进行系统的灌溉是极其困难的。

第四，实际上在大陆的外部边缘到处都是高山，因此，整个内陆地区就像一个空碗，而且，由于水是不会往山上流的，所以，这里没有名副其实的河流。发源于昆士兰山脉的达令河是全澳大利亚河流中最大的河流（1160英里长），它距离太平洋的珊瑚海地区不是很远。但是，达令河向西流进了因康特湾，而不是往东流入太平洋，在一年中的大部分时间（别忘了，当北半球为夏天时，南半球是冬季，反之亦如此）里，它只是一串串小水池，对人们毫无用处。

第五，澳大利亚找不到可以被训练成给白人干杂事的土著人。

第六，据说，早在地球长满植物和灌木（这些植物和灌木为我们舒适幸福的生活做出了大量的贡献）之前，这块贫瘠的大陆显然发生了漂移。干燥的气候使澳大利亚形成了特殊的植物群落。毫无疑问，这些植物群引起了专业植物学家极大的兴趣。但是，却使那些想通过在这里种植这样或者那样有利可图的农作物而将来发大财的白人移民的前途变得十分渺茫。袋鼠草和滨藜是绵羊的美食，但是，一般的带刺的三齿稃却多得到处都是，硬腭的骆驼怎么吃也吃不完。另外，尽管一些桉树可以长到高达400英尺，只有我们加利福尼亚的红杉能与之相比，但种桉树也发不了财。

1868年时，这里不再是犯人的流放地。这时，农民们匆匆忙忙地跑到这

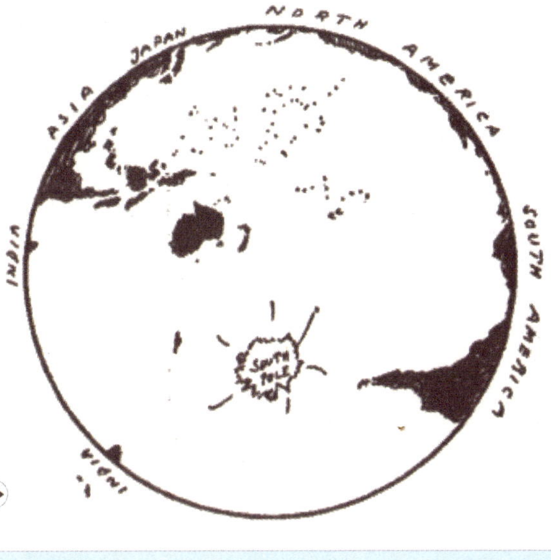

孤独的澳大利亚

片新的希望之乡，但此时他们面对的是大量无法驯服的活化石。澳大利亚这种与世隔绝的地理位置又一次使所有那些奇特的史前时代的生物得以继续繁衍，而在世界上所有其他地区，它们早就绝迹了。由于澳大利亚没有像亚洲、非洲和欧洲那样的体形高大智商更高的哺乳动物，所以对于澳大利亚的四足动物们来说，不存在不提高智能就会灭绝的危险。由于完全没有竞争，所以，它们一直都停留在出生时的水平。

我们大家对一种名叫袋鼠的奇怪动物都很熟悉。袋鼠属于袋类动物科，而袋类动物是有一个育儿袋的动物，这些动物把它们出生后未长大的幼崽就放在这个育儿袋里，然后这些幼崽就在这个袋里发育成熟。在第三纪时代，整个地球上到处都是袋类动物。现在，在美国只有袋貂这一种袋类动物，但澳大利亚却还有很多这种动物。

澳大利亚的另外一种史前残余就是所谓的单孔目动物，它也是一种最低级的亚纲哺乳动物，全身只有一个排泄口。其中最著名的单孔目动物就是鸭嘴兽或者叫水鼹鼠，它的形状非常奇怪，颜色呈褐色，大约有20英寸长，身上的毛比较短，具有像鸭子那样的喙（幼兽甚至还长着牙齿），脚上有蹼，长着长长的尾巴，在雄性鸭嘴兽的脚后跟长着一根带毒的角状突出物——这是大自然在其数百万年的进步与倒退的演化过程中曾经创造或者抛弃的各种生物的一种活生生的博物馆。

至于澳大利亚其他的动物群，就包含了珍稀动物博物馆里的许多动物：有羽毛像头发一样的鸟、像豺狼一样笑的鸟、不会飞只会走的鸟、同雉鸡那样大的布谷鸟、像小鸡一样大的鸽子；有脚上长着蹼的老鼠、用尾巴爬树的老鼠；有用两条腿走路的蜥蜴；有兼有鳃和肺的鱼（这种鱼可以追溯到鱼龙时代，它是鱼和两栖动物的混合体）；有既像豺又像狼的野狗，这种野狗可能是从亚洲大陆过来的早期移民带到澳大利亚来的流浪狗的后代；还有一些其他奇怪的动物群。

然而，还不止这些，澳大利亚还独自拥有各种各样的昆虫，它们比老虎和蛇更可怕。这儿有跳跃的蚂蚁，因为澳大利亚是跳跃动物的黄金宝地。哺乳动物、鸟类和昆虫都喜欢跳跃，而不喜欢飞翔和奔跑。有些蚂蚁，它们生活在自己造的“摩天大楼”里面。还有的蚂蚁，除了不能吃掉铁铸的门之外，可以吃掉任何东西，因为它们能够把特殊的酸性物质涂在普通的锡和铅盒子上，这种酸性物质可以使金属氧化，以方便蚂蚁打洞，通过这个洞，它们就可以进入里面，然后一有空闲时间，它们就破坏里面的东西。

这儿还有一些把卵产在牛羊毛皮里的苍蝇；有使人完全无法在澳大利亚

澳大利亚

南部沼泽地区居住的蚊子；有让人们数年的辛苦劳动顷刻化为乌有的蝗虫；有寄生在畜群身上、吸食畜血的扁虱；还有看上去非常漂亮非常无辜的大冠鹦鹉，但是它们如果集体行动的话，就会给这个地区带来可怕的损失。

在给当地带来的所有灾祸中，最大的灾害还不是来源于澳大利亚本土，而是从欧洲传入的，我这里所指的就是兔子。在一般的环境中，兔子是绝对不会构成危害的，但是兔子这种动物如果放在一个生物可以随意繁殖的多沙且荒芜的大陆上的话，那么就会导致很大的灾难。1862年，第一批兔子从英格兰引进过来，为的是狩猎消遣。殖民者感觉生活乏味，于是打野兔就成了消除丛林中单调生活的娱乐方式。几只兔子跑掉了，然后这几只兔子就以我们所熟知的兔子的方式做窝繁衍开来。习惯于处理大额数字的天文学家们，试图对目前在澳大利亚野外的兔子进行估算，他们的结论是有差不多40亿只兔子。如果按40只兔子可以吃掉一只羊所吃的草量来计算，那么它们就相当于1亿只羊。你自己算一算吧。整个这些地区都被这些啮齿动物给糟蹋了，澳大利亚西部是受这些饥饿的兔子损害非常严重的地区，为了尽力防止灾害的进一步漫延，人们竖起了巨大的铁丝网围栏。这种围栏是一种中国式的兔子围墙，在地上有3尺多高，地下有3尺深，目的是防止这种害兽挖地洞。但是，这些兔子出于需要，很快就学会了攀爬围栏。于是，灾害丝毫没有减退。后来，人们又尝试投毒，依然是徒劳的。在世界上其他地区可以找到的能够控制兔子数量的野生动物，在澳大利亚不是找不到，就是不能适应这里的陌生环境，一旦被引进来后，很快就死掉了。尽管那些白人做了很多努力，但是兔子仍然像麻雀那样愉快地繁衍着，麻雀是另外一种从欧洲引起的物种，这种物种现在让所有澳大利亚的园艺爱好者感到很头疼。它们的繁殖速度和仙人掌一样快，仙人掌适应贫瘠的澳大利亚土地和海豹适应海水一样容易。

然而，尽管存在这些非常不利的条件，移民们已经成功地把澳大利亚变成了世界上最重要的羊毛生产国。今天的澳大利亚，拥有差不多8000万只绵羊，我们身上所穿的全部羊毛的四分之一产自那里，羊毛出口足足占全国出口量的五分之二。

由于澳大利亚大陆比欧洲古老得多，因此这里显然一定有各类繁多的矿产资源。19世纪50年代早期出现的淘金热将人们的目光吸引到了澳大利亚的采金场。从那以后，这儿又找到了铅、铜、锡、铁和煤矿，但没有发现石油。这儿有钻石，但是产量比较少。另外，像猫眼石和蓝宝石这种次贵重宝石储量就比较大。

同时，澳大利亚被认为是仅次于非洲的最难开发的大陆。19世纪的早期，澳大利亚的三大主要组成部分被弄清楚了。西部是高原，平均海拔高度是2000英尺，个别地方高达3000英尺。这个高原为金矿区，但没有港口，只有一个叫珀斯的城市比较重要。东部是丘陵地带，拥有一些非常古老的山脉，经过风雨的逐渐侵蚀，最高的科修斯科山海拔仅7000英尺。这个地区有澳大利亚优良的港口，也因此吸引了第一批移民的到来。

在两个高地之间，是一块宽广的平原，其海拔从未超过600英尺，实际上艾尔湖区域位于海平面之下。两座高山把这个平原分成几部分，西边是弗林德斯岭，东面坐落着格雷岭，该岭向北连着昆士兰山脉。

说到该国的政治发展情况，虽然很平静，但是运作得还是相当成功的。第一批移民是那些根据18世纪后半期的英国法律被裁决为“罪犯”的人。但是，通常他们的罪行也仅限于由于贫困或者是不幸遭遇而犯一些像偷一块面包或者拿几个苹果这样的小罪行。第一个流放地为植物学湾，之所以用这个名称，是因为发现这块大陆的库克船长在到达此地时，此地的各种小花都在竞相开放。殖民地本身被称为新南威尔士，悉尼是其首府。塔斯马尼亚岛，当时是新南威尔士的一部分，在1803年被改造成一个流放站，所有的囚犯都集中在现在的城市霍巴特市附近。1825年，昆士兰州的首府布里斯班被发现了。在19世纪30年代，一个名叫飞利浦港的海湾的顶端有一个居民点，这个居民点就以墨尔本勋爵的名字命名，并且这个地方成为维多利亚州的首府。同期，阿德莱德成为南澳大利亚州的首府，但是，珀斯这个西澳大利亚州的首府，在50年代早期的淘金热时还是一个无足轻重的村庄。北部地区由澳大利亚联邦管理，就如同我们自己的领土在过去由华盛顿管理一样，尽管北部地区拥有50万平方英里的土地，但是其居民仅有5000人，其中有不到2000人住在帝汶海的达尔文港。达尔文港是世界上最好的天然海港之一，但是，这里却看不到商业气息。

在1901年，由6个州组成的澳大利亚联邦成立，在它所拥有的600万居民中，有四分之三的居民住在东部，7年之后这些人决定自己建立一个新的首都——堪培拉。这个新都位于悉尼西南150英里的地方，离全澳大利亚最高的山科修斯科山不远。

1927年，自治领政府又有了新的总部。但新的澳大利亚联邦议会要使国家从目前的困境中走出来，还得做一番深思熟虑。首先，自从“一战”

海底采珠

以来，一直执掌国家权力的工党政府在其执政期间挥霍浪费过度，使得联邦政府无法从欧洲得到任何贷款。如果最近接替工党政府的新政府不做出一些较大的让步的话，它能否克服财政上的困难，还是一个未知数。其次，是澳大利亚的人口严重不足的问题。在塔斯马尼亚和新南威尔士，每平方英里只有8个人，维多利亚每平方英里为20人。但是，昆士兰州和澳大利亚南部每平方英里只有1个人，澳大利亚西部两平方英里才1个人。即使工会对这些情况都非常了解，但是他们仍然是世界上最不合格最具惰性的工人，如果没有许多公共假期来从事运动和赛马的话，那么他们就生活不下去。

13 新西兰

新西兰，加上其最近获得的萨摩亚群岛，其面积相当于英格兰和苏格兰面积之和的1.25倍大，它有150万人口，其中居住在首都惠灵顿（位于北岛）的有14.3万人。

在1642年，塔斯曼第一个发现了这个岛，他用自己祖国南部的一个岛屿的名字来命名他所发现的这个岛。在这个岛被波利尼西亚的划艇运动员发现的约300年前，太平洋上那些技能超群的水手，就已经使用了一种形状奇怪的但是非常可靠的草制地图，有了这种草制地图，他们就能够从家乡出发航行数千英

波利尼西亚人的编织地图

新西兰看上去与挪威相似

里，并且总是能找到回来的路。

这些波利尼西亚征服者，就是好战而且英俊的毛利人的祖先。到1906年时，毛利人总共还剩下约50000人，并且自从1906年以来数目似乎又出现增长。很显然，毛利人是为数不多的几个土著人抗击白人保全自己，并吸收西方文明中一些更适宜的优点而又不迷失自我的例子。他们抛弃了许多古老的陋习，如吃掉敌人、文脸等。他们向新西兰的议会派出自己的代表，建造了自己的教堂，但教堂和他们白人主人的教堂一样毫无吸引力，就种族问题而言，所有这一切都是有利于未来的。

19世纪的前25年，法国人和英国人都企图借助各自的传教士来控制这些岛屿。但在1833年，毛利人将自己置于英国人的保护之下。到1839年，英国人就正式占领了整个新西兰。

如果法国船队早到3天的话，那么新西兰就会像新喀里多尼亚和马克萨斯群岛以及太平洋中的许多其他的岛屿一样，成为法国的殖民地。1840年，新西兰群岛变为澳大利亚新南威尔士殖民地的属地。1847年，成为英国的直辖殖民地。1901年，新西兰有机会加入澳大利亚联邦，但新西兰人骄傲地认为自己的国家不是囚犯的流放地，而不愿与澳大利亚人为伍。1907年以来，新西兰一直就是一个独立的英联邦自治领域，由英国派遣总督，但它却拥有自己的代议制政府。

从地质状况来看，新西兰的两个大岛可能从来就不是澳大利亚大陆的一部分，因为将它们隔开的塔斯曼海有15000多英尺深、1200英里宽。它们很可能是一座高大山脉的残留，而且太平洋的西海岸也曾由这座山脉形成。但是已经发生了很大的变化，以至于很难说清楚目前的这些岛屿是如何形成的。另外，这些岛屿的相似点太少了，这也让事情变得更让人难以理解。北岛是一块巨大的火山区（类似于太平洋上的黄石公园），而南岛和北岛之间由一条宽度仅90英里的库克海峡隔开，南岛简直就是瑞士的复制品，只是还多了几条挪威式的峡湾而已。

新西兰算不上热带，它像意大利一样远离赤道，气候与意大利相似。这就意味着它极有可能变成欧洲人的一个永久性机构，而不会变成澳大利亚人的机构。各种各样的欧洲水果，比如，桃、杏、苹果、葡萄、橘子，都可以在谷地中生长，而山坡则提供了优良的牧区。像气候湿润的古老的泽兰一样，这里也种植亚麻，北岛上生长的慢生树木主要从奥克兰出口，是一种非常优质的木材。

在1901年，新西兰吞并了太平洋上的许多岛屿，其中包括库克群岛和拉罗汤加岛。毛利人认为，新西兰的第一批波利尼西亚移民来源于拉罗汤加岛。库克群岛也是由火山喷发而形成的，因此，我们搁置下火山带不说，先来说说珊瑚岛。

珊瑚岛

珊瑚岛是由小的海洋生物体珊瑚虫或者“花虫”形成的，这些海洋生物体死后，尸体堆积在一起，就形成了点缀在太平洋上的这一地区的数千个暗礁和小岛。这些珊瑚虫是很挑剔的生物，它们只能生活在特定温度的新鲜盐水中，一遇到严寒就会死去；并且，在120英尺以下的海洋中，它们就不能存活。所以，如果我们在120英尺以下的海水中发现了珊瑚的沉积物，这就说明，这儿的海底曾经一定发生过沉降。数百万年以来，珊瑚一直都在形成小岛，它们工作起来比技艺最精湛的石匠都有耐心。珊瑚的生存需要有不断流动的水，所以在珊瑚群中，生活在中心的珊瑚最先死亡，边缘的珊瑚继续生长，最后，形成一个所谓的环礁。这种环礁是一种由一小圈固体物质构成的岛屿，岛屿的中间是环礁湖。通常这种环礁湖有一个入口，这种入口总是远离盛行风，当波浪从对岸滚滚而来时，就为珊瑚虫带来了更丰富的食物，使它们更快地生长。

许多这样的环形珊瑚礁上都种有椰子，并生产干椰肉，这些环形珊瑚礁现在属于新西兰所有。原属于德国的萨摩亚群岛被划为自治领域的托管地，以此来表彰新西兰军队在第一次世界大战中的突出表现。至于新西兰人将如何处置它，我不知道。

14 太平洋上的人们不耕织也一样生活

在大西洋上几乎找不到岛屿，而太平洋上却岛屿众多。加罗林群岛、马绍尔群岛和夏威夷群岛位于赤道以北，其他的皆位于赤道以南。它们常常以群岛的形式出现，我们在上面发现了一些神秘的巨石雕像的复活节岛却是一个例外，复活节岛孤独矗立着，它离南美洲的距离比离澳大利亚的距离近得多。

太平洋的群岛可以被划分为三种明显不同的类型：第一类群岛，毫无疑问是史前地质时代澳大利亚大陆的残余，法国罪犯流放地——新喀里多尼亚群岛就是其代表。第二类显然是由火山喷

太平洋岛屿

发所形成的群岛，像斐济群岛、萨摩亚群岛、夏威夷群岛（或者叫三明治群岛）、马克萨斯群岛都属于这类群岛。第三类是珊瑚岛，例如新赫布里底群岛。

在所有这几千个岛屿中（许多珊瑚岛只露出水面几英尺高），夏威夷群岛是最重要的群岛。1779年，库克船长在返航途中就是在这个群岛上被土著人杀死的。在1810年，夏威夷群岛成为南洋大帝国的中心，这个南洋大帝国一直延续到1893年，在1893年时，该群岛被美国占领。该群岛的极大重要性除了表现在这儿物产丰富外，还表现在它们是美国和亚洲之间的中间站。

塔希提岛的黎明

目前，夏威夷群岛有一点震动，群岛上高达4400英尺的基拉韦亚火山仍然很活跃。毛伊岛是群岛中的另一个岛，该岛上的火山有世界上最大的火山口。夏威夷群岛气候宜人，这就轻易弥补了人们在看到这些老的但是却一点也不可信赖的朋友喷出的缕缕烟雾时偶尔所产生的担忧。瓦胡岛上的火奴鲁鲁，是夏威夷群岛的首府。

斐济岛上最重要的城市是苏瓦，它是所有从美国开往澳大利亚和新西兰的轮船的停靠港。

萨摩亚群岛的首府是阿皮亚。

你偶尔听说过的另外一个岛屿是马里亚纳群岛中的关岛，它位于日本和新几内亚中间，是美国的一个重要的电报站。

接下来是塔希提岛，它是法国在社会群岛上的一块领地，许多与南海有关的影片都是在这儿拍摄的。

最后，还有几十个其他岛屿，分别属于美拉尼西亚群岛、密克罗尼西亚群岛和波利尼西亚群岛这三大群岛。这些岛屿似乎是横过太平洋时经常遇到的障碍，它们从西北到东南呈3条平行线状排列，使得在太平洋上的航行和在大西洋上的航行大不相同。在大西洋上航行时，从爱尔兰到美国沿岸，唯一的危险就是罗克尔岛。

据说，对于那些认为我们现代的机器制造文明过于复杂的人来说，这些岛屿就是最舒适的家园。这些人追求简朴的生活，喜欢和平、安宁的环境，并希望与招人喜欢的人为伴；而不喜欢吵吵嚷嚷和匆匆忙忙的氛围，不愿与那些表情凶恶忌妒贤能的竞争者为伍。我认为，这些岛屿更幽雅，比方说，比百老汇和第四十二大街的街角更幽雅。但是这些岛屿离得太遥远了——难道这儿真的生长着一种药草，能让普通人忘记忧愁吗？

15 非洲，一个充满矛盾和差异的大陆

在我们大多人看来，非洲只是一个“黑色大陆”，而且我们常常将它和热带森林及黑人联系在一起。实际上，这块大陆总共1130万平方英里（因此，它是欧洲的3倍大）。这儿有1.4亿人口，可以分成三类，其中的一类是黑人，其他两类分别是哈米特人和闪米特人。他们的肤色差别较大，从黑巧克力色到光亮的象牙白色都有。

希腊人非常熟悉埃及以及居住在尼罗河谷的哈米特人。哈米特种族很早的时候就占据了北非，将原本居住在此地的肤色更深的居民往南大致朝着苏丹的方向驱赶，而将地中海北部边缘地带占为己有。在进入非洲时，哈米特人可能还处于游牧民族的发展阶段，这使得他们散布在尼罗河流域，并向南深入阿比西尼亚，向西到达远至大西洋沿岸的地方。

通常，当我们试图对不同种族进行分类时，会借助语言来进行划分。但是在北非，用口语来区分却不起作用。这里有只说哈米特语的闪米特人部落，也有只说阿拉伯语的哈米特人部族。而科普特人，即古埃及的基督教徒，是唯一保留了古代哈米特语的民族。

关于欧洲人在成功地渡过地中海后所遇到的第一批人——哈米特人，我就说这么多。而关于闪米特人，也几乎没有什么可补充的。

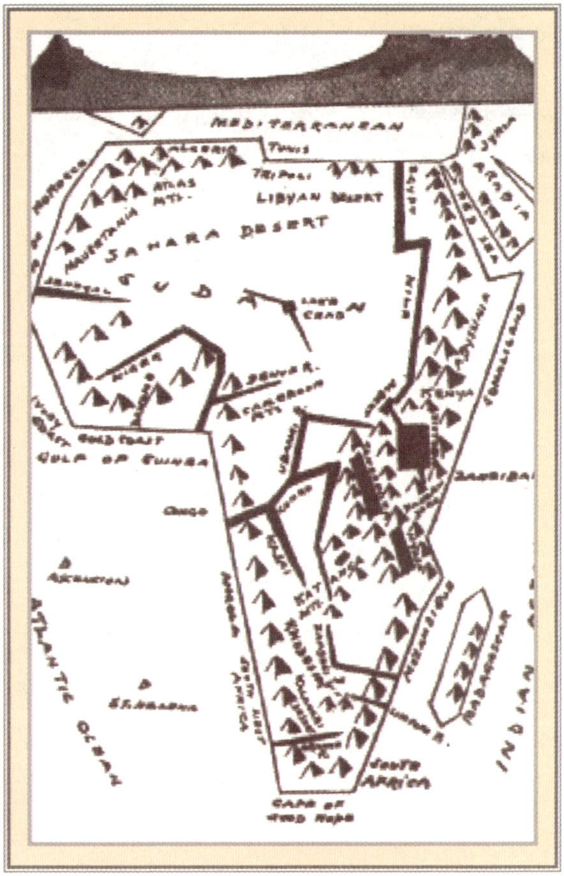

非洲

在所有的皇帝中，尼禄是第一个对探索非洲具有浓厚兴趣的国王。显然，他派出的远征队远达法绍达村庄，这个法绍达村庄大约在30年前差点引发英国和法国之间的战争。但是，即使是在遥远的当年，向南探索得最远的白人，似乎还不是尼禄的尼罗河探险队。现在看来，在尼禄之前的数百年，迦太基人就已经穿过撒哈拉沙漠，到达了几内亚湾。但是迦太基被摧毁了，所以与非洲中部有关的资料也随着完全消失了。

直到19世纪初，我们才对非洲的地理状况有了一定的了解。即使是那个时候，这些信息也只是偶然才得到的。葡萄牙人是首次在非洲西海岸进行探险的人，因为他们的目标是去印度，所以对非洲这块到处是裸体黑人的土地没有丝毫兴趣。因为他们如果不能绕过南部的大障碍的话，他们就不能到达印度和中国，所以，他们像一个试图走出黑暗房间的盲人一样沿着非洲海岸小心地摸索前行。无意中，他们偶然发现了几个岛屿，即亚速尔群岛、加那利群岛、佛得角群岛。最终在1471年，他们到达了赤道。后来，在1488年，巴尔托洛梅乌·迪亚士又发现了风暴角，即现在的好望角，或者简单地说，就是海角。1498年，瓦斯科·达·伽马绕过好望角，找到了从欧洲去印度的最短的航线。

此后，非洲再一次从人们的视野里消失了。这里是航行的一个障碍，这里的气候要么太热太干燥，要么就太热太潮湿。这里的人也十分野蛮。16、17世纪的船长们在去东方的路上，每当坏血病和非常高的死亡率迫使他们去购买一些新鲜蔬菜时，他们就停靠在亚速尔群岛、阿森松岛和圣赫勒拿岛这样一些不同的岛屿。但是对他们来说，非洲是一块很糟糕的土地，他们对其敬而远之。如果不是由于那第一个来自新世界被任命为神父的人的好心的话，那么在这块辽阔的大陆上的可怜的异教徒们可能会继续生活在和平的环境之中。

在去奴隶海岸的路上

巴托洛梅·德·拉斯·卡萨斯是那个曾经跟随哥伦布首航美洲的人的儿子，他被任命为墨西哥恰帕斯州的主教，并且被授予一块带有印第安人居民的土地，以作为他工作的褒赏。当时，在新世界生活的每一个西班牙人都拥有一定数量的印第安人为他们工作。这是一个很糟糕的制度。

拉斯·卡萨斯回到西班牙，想去做些事情，改变这种制度。当时，吉麦内兹红衣主教是最有权势的人，他是伊莎贝拉女王的忏悔牧师。他认可了拉斯·卡萨斯的观点，并任命拉斯·卡萨斯为“印第安人的保护者”，把他派回墨西哥进行调查，写出报告。当拉斯·卡萨斯重返墨西哥时，他发现上司对此事很冷漠。印第安人被分配给基督教徒，听从其使唤，基督徒役使印第安人，就像对待田里的动物、天空中的小鸟和大海里的鱼一样。所以，为什么要开创一个会打乱新世界的整个经济结构，并对既得利益造成严重影响的新事物呢?

后来，对神授的使命非常敬业的拉斯·卡萨斯想出来一个好办法。印第安人宁愿去死也不愿意当奴隶，这在海地得到了证明。那里的土著人数量在不到15年的时间里由100万减少到6万。而非洲黑人似乎对做奴隶并不在意。在1516年，拉斯·卡萨斯公布了他著名的全部解放印第安人的人道主义方案。住在新西班牙的每一个西班牙人有权进口12个非洲黑人奴隶，印第安人可以回到被移民剥夺了所有好东西之后剩下的、属于他们自己的农场里去。

可怜的拉斯·卡萨斯的寿命很长，后来他逐渐真正认识到自己做了些什么。他对所做的感到很羞愧（因为他是一个诚实的人），退休后隐居在海地的一个修道院里。后来，他又重新回到公众的视野中，想为不幸的异教徒进行抗争，但是无人听他的。到1566年他去世时，新计划正在实施当中，这种新计划将印第安人更加牢固地束缚在土地上，而且非洲的奴隶贸易也十分活跃。

奴隶贸易进行了300年。事实上，从事奴隶抓捕的不是白种人，而是阿拉伯人。从1434年开始，他们偶尔将抓到的黑人整船地卖给葡萄牙人，但是直到1517年，他们的这种生意才变成大买卖，这里面有巨大的利润。皇帝查理五世赐给了他的一个佛莱芒人朋友一个特权，就是允许他每年向海地、古巴和波多黎各输送4000个非洲黑奴。这个佛莱芒人立即以25000个达卡特的价格将这一项皇帝赏赐的专利权卖给了热那亚的一个投机商，热那亚人接着又把这种专利权卖给了一伙葡萄牙人。

关于这种既轻松又可以迅速致富的新办法的传言不胫而走。教皇的正式命令将整个世界一分为二：一半归西班牙人；另一半归葡萄牙人。这使得西班牙无法亲自到“奴隶海岸”去。因此，从事实际购买和运输这种黑色“产品”的生意就落到了葡萄牙人的手上。直到19世纪60年代早期，当实际上所有的欧美国家宣布彻底废除奴隶制以后，奴隶贸易才真正结束。（阿根廷在1813年废除，墨西哥在1829年，美国在1863年，巴西是1888年。）

对欧洲的统治者和政客来说，奴隶贸易是非常重要的。他们为了自己国家的利益而竭力垄断奴隶贸易的行为就可以证明这一点。西班牙拒绝同几个英国商人续签奴隶贸易合同，这甚至导致了英国和西班牙的战争。

关于奴隶贸易这个问题，我们所拥有的统计资料很少，因为奴隶贩子们往往对他们的生意没有任何研究兴趣。但仅以我们所掌握的数据，就足够让人们震惊了。法国的红衣主教拉维热里是迦太基地区的大主教，是著名的白神父会（传教士团体，在北非做了大量好事）的创始人，因而，他对非洲事务也非常熟悉。据他估计，因为奴隶贸易，非洲每年要损失至少200万人口。

另外一个非常称职的法官利文斯顿博士认为，每年有35万的黑人被掳为奴（不包括那些被遗弃失去保护而死的人），而其中只有7万人可以到达大洋彼岸。

在1700—1786年期间，至少有60万活着的奴隶被运至牙买加；同期，有超过200万的奴隶被两个很小的英国奴隶贸易公司从非洲贩卖到西印度群岛。18世纪末期，在利物浦、伦敦和布里斯托尔，有200艘船只定期往返于几内亚湾和新大陆之间，总共可以装载47000名黑人。1791年，当贵格会教徒和普通的反蓄奴主义者发动起来反对这种暴行时，沿着贝宁湾对奴隶贸易据点所做的调查表明：有14个据点是英国人的，有15个据点是荷兰人的，4个据点是葡萄牙人的，4个据点是丹麦人的，3个据点是法国人的。英国人装备精良，控制着50%的黑奴贸易市场，另外4个国家分享余下的份额。

对这些发生在非洲大陆的罪恶行为，此前我们知之甚少，后来很久以后，英国政府为了从根源上去摧毁这种贸易，就派人登岸更进一步搜寻违法分子。后来才发现，土著人的酋长一直都是这些肮脏交易的罪魁祸首，他们随便地卖掉了自己的臣民，就像18世纪德国的统治者们为了镇压弗吉尼亚和马萨诸塞的小叛乱，把他们自己招募的新兵军团卖给了英国人一样。但是负责这种交易的全面组织工作的，一直都是阿拉伯人。

坏透顶的比利时人利奥波德对刚果的开发，以及经营国王陛下的租界所产生的对大量廉价劳动力的需求，使得奴隶贸易在葡萄牙的殖民地安哥拉和刚果盆地的内部地区得到了暂时复兴。但是，幸运的是，那个无耻的老东西死的时候，刚果自由邦已经由比利时接管，这就意味着最后终结了靠买卖人口来赚钱的贸易。

因此，白人和黑人的关系从一开始就是一个悲剧，但是，随后所发生的事情也一样糟糕。对于发生这种不幸事态的原因，我现在尽量用几句话来描述。

在亚洲，白人面对的种族要么是和他们一样文明的人，要么就是文明程度甚至比他们还高的人，这就意味着亚洲人有能力还击，白人必须小心行事，否则只能自食其果。

在澳大利亚，白人开始与石器时代早期残存下来的贫穷的野蛮人接触，白人可以任意杀死这些人，就像杀死吃光了他的绵羊的野狗一样，丝毫不会受到良心上的责备。

当白人来到美洲时，这里的大部分地区实际上并无人居住。中美洲高大的高原地区和安第斯山脉的西北部地区（墨西哥和秘鲁）人口稠密，其他地方几乎人迹罕至。少量的游牧民族很容易被消灭，其余的被衰败和疾病击倒了。

但在非洲情况则不同。因为在非洲，尽管有奴隶制，有疾病，有变质了的杜松子酒，有虐待，然而黑人仍然拒绝消亡。上午遭到白人破坏的东西，过了一个晚上之后又有新的东西来代替。然而，白人坚持要夺走黑人的财产，其结果就是一场史无前例的血腥大屠杀，而且这场屠杀还没有结束。这是一场白人的火药与黑人旺盛的生殖力之间的斗争。

让我们再来看一下地图，我将向你大致描述一下事情的现状。

大致来说，非洲可以被划为7个部分，下面我将一个一个来谈。西北部是声名狼藉的巴巴利海岸，我们的祖先从北欧到意大利和莱万特的港口去，都必须经过此地。每当他们经过此地时，他们都会害怕得发抖。因为，这里是可怕的巴巴利海盗的地盘，如果被他们抓住，就意味着要经年累月地成为奴隶，直到家人凑够赎金才能使他们的亲人获得自由。

整个这一区域由非常高的高山组成。这些山脉就说明了为什么这个地区的发展状况仍是老样子，为什么即使到今天白人也没有真正征服这个地区。它们是非常险峻的山脉，凶险四伏，布满了深深的沟壑，这就便于抢劫团伙发动袭击，还没等人弄清是怎么回事，他们就消失得无影无踪了。

飞机和远程大炮在此地也一样发挥不了作用。仅仅几年以前，西班牙人就多次被里夫人打得大败。我们的祖先知道此地的状况，所以他们宁愿每年向统治非洲沿岸这一地区的各个苏丹进贡，也不会拿自己的海军和他们的名誉去冒险，对那些白人从来没有到过的港口发动危险的远征。他们在阿尔及尔和突尼斯都设了特别领事，他们的任务就是负责赎回他们被抓获的臣民。他们还对一些宗教组织给予帮助，目的就是想方设法去营救那些不幸落入摩尔人手中的水手。

从政治的角度来看，非洲大陆的西北角由4个独立的部分构成。然而，所有这4个地区都听从巴黎的指挥。白人对西北部的渗透和占领始于1830

非洲沼泽

年。一个普通而平凡的苍蝇拍直接导致了冲突的爆发，但其实真正原因是地中海西北地区长期公开的海盗丑闻。

在维也纳会议上，欧洲大国一致决定“必须采取行动”，以铲除地中海地区的海盗。但是由谁来负责此事，各个大国当然就不好决定了。因为负责者必然会为自己争得更多的领土，这样对其他国家就不公平了——这是外交会议上司空见惯的事情。

现在，两个阿尔及利亚犹太人（数百年来，北非的商业事务都控制在犹太人手中）因为在拿破仑时代以前曾向法国政府供应过粮食而向现任的法国政府要求补偿——像这样的索赔案例，在旧世界和新世界的大使馆中经常出现，这只是其中一个。在过去的200年里，许多误会的根源都来源于此。如果国家像个人一样，把欠老百姓的账单都付清，那么我们肯定会更有幸福和安全感。

在关于那笔小小的粮食账单的商谈中，阿尔及尔的总督有一天突然发脾气，用手中的苍蝇拍打在法国领事的身上。随后法国封锁了阿尔及尔，两军开火（可能是事出偶然，但是，在周围都是军舰的地方经常会发生这种事件），一支法国远征军横渡地中海。1830年7月5日，法国人进入阿尔及尔，阿尔及尔总督被捕，随后流放，战争仍然继续进行得难解难分。

山区的人们拥戴一个叫阿卜杜·卡迪尔的穆斯林当领袖。此人虔诚，富有勇气和智慧，在15年里，他坚持和入侵者进行斗争，直到1847年才投降。法国承诺让阿卜杜·卡迪尔留在阿尔及尔，但最后食言了，他被押到了法国。不过，后来阿卜杜·卡迪尔答应不干涉阿尔及尔的和平，拿破仑三世就放了他。阿卜杜·卡迪尔退休后居住在大马士革，在那儿以做哲学研究和虔敬神灵而度过余生，直到1883年辞世。

早在阿卜杜·卡迪尔故去以前，阿尔及利亚人进行了最后一次起义，但被镇压下去了。但阿尔及利亚人有权选举自己的代表，并在巴黎的法国议会上维护阿尔及利亚人的利益。他们的年轻人被赋予应征加入法国军队的荣誉，但并不完全由他们自己决定是去还是不去。从经济方面来说，法国人在阿尔及利亚还是做了许多有益的工作，改善了他们的新臣民的生活条件。

位于阿特拉斯山脉和大海之间的是特尔平原，这儿盛产粮食。闪特高原因有许多的小盐湖而得名。这里是一个牧业区，这里的山坡被越来越多地用于种植葡萄和酿酒，同时大型的水利灌溉工程也在建设中，以利于种植热带水果销往欧洲市场。铁和铜的储藏地已经被找到，而且铁路线将这些储藏地与阿尔及尔（首都）、奥兰和比塞大这3个地中海的主要港口连接起来。

突尼斯位于阿尔及尔的东部，紧邻阿尔及尔，它有自己的国王，但从1881年开始，它实际上就成了法国的保护国。因为法国富余人口少，所以这里的移民大多数是意大利人。但在与犹太人的竞争中，意大利人吃了不少亏。几个世纪以前，犹太人就来到了这个地区。当时，这里仍是土耳其的领地，在这儿，犹太人的日子要比在基督徒统治下的国家要好过得多。

斯法克斯市是仅次于首都突尼斯市的最重要的城市。2000年前，突尼斯的地位比现在重要。因为当时它是迦太基的一部分，那个可以容纳220艘船只的港口至今依然可见。但其他方面保存下来的东西就非常少了，因为当罗马人真正想做一件事情的时候，就会做得非常彻底。他们对迦太基人的仇恨非常强烈，以至于在公元前146年，他们最终攻下迦太基城以后，将其夷为平地，并付之一炬。如今，在地下16英尺深的地方还能看到烧焦了的废墟，这些废墟就是一个从前拥有差不多100万人口的城市的残留。

非洲西北角的正式名称是独立的摩洛哥伊斯兰教君主国。如今摩洛哥还是由苏丹统治，但从1912年开始，苏丹只不过是法国操纵的傀儡。倒不是说他很了不起，而是居住在小阿特拉斯山区的山民卡比尔人过于故步自封，不愿去打扰这个距离遥远的君主，而苏丹自己也出于安全考虑，就在他的两个都城南边的摩洛哥和北部的圣城非斯之间轮换着居住。这些便利的山脉对山谷中居民是一种威胁，他们甚至不敢在田地里种植庄稼，如果种植了庄稼，那么在收获的季节无论如何都是要被偷的。

你可以列出诸多理由反对法国在非洲的这些地区殖民，但当谈到公路安全的问题时，法国人在这里创造了奇迹。他们把政府的中心搬到了拉巴特。拉巴特是一个位于大西洋边上的城市，如果遇到紧急情况，那里的法国海军可以来救援。拉巴特位于阿加迪尔以北几百英里处，而阿加迪尔是另一个大西洋边的港口，在第一次世界大战爆发之前的4年，这个城市出乎意料地吸引了人们关注的目光。当时，德国人派出了一艘炮舰进入阿加迪尔，以提醒法国人不要把摩洛哥变为另一个阿尔及尔。这件事在很大程度上促成了1914年最后的那场灾难性的战争爆发。

摩洛哥的一个小角落是西班牙人的殖民地，它位于直布罗陀的正对面。

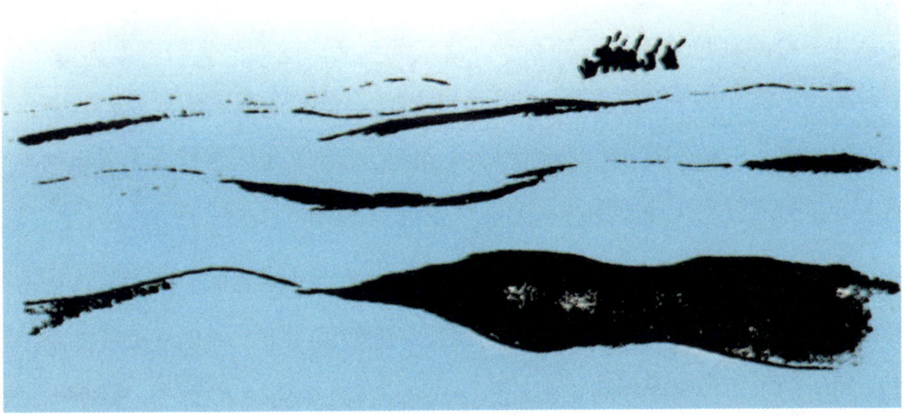

沙漠

当法国占据摩洛哥以后，它被法国人当作友好的礼物送给了西班牙人。休达和梅利利亚这两个城市，因为最近报纸报道无可奈何的西班牙军队多次被所谓的土著人——里夫人、卡比尔人打败，而有了名气。

里夫山脉以西是丹吉尔市，这是一座国际化的城市，在18、19世纪时，授权出入摩洛哥苏丹宫廷的欧洲各国大使们往往住在这里。苏丹不愿意欧洲的大使们居住得离他的宫殿太近，于是，就划出了丹吉尔这个地方作为他们的居住地。

这整个多山的三角地带，其未来是毫无疑问的。在未来的50年中，这整个地区将是法国的，也包括我们现在就要讨论的非洲的第二个自然分区——棕色大沙漠地区，即阿拉伯的埃兹—撒哈拉地区，也就是我们现代地图上的撒哈拉沙漠。

撒哈拉沙漠和整个欧洲大陆的面积差不多大，它从大西洋一直延伸到红海。在红海的另一边，它又以阿拉伯半岛的名义继续延伸。在北部，除了摩洛哥、阿尔及尔和突尼斯之间的阿特拉斯三角地带外，撒哈拉沙漠就和地中海接界，南部则和苏丹接界。撒哈拉沙漠是一个高原，但这个高原不是太高，因为其大部分地区的海拔高度只有1200英尺。这儿到处都是被风沙侵蚀的古老山脉的残余。撒哈拉大沙漠里还有相当多的绿洲，绿洲的地下水可以让一些节俭的阿拉伯人过一种不那么富足的生活。这儿的人口密度为每100平方英里4人，也就是说，这儿几乎无人居住。这儿最著名的沙漠游牧部落是图阿雷格人，他们是出色的战士。另一些撒哈拉人是闪米特人（或者阿拉伯人）、哈米特人（或者埃及人）以及苏丹黑人的混血人种。

法军中的外籍兵团，负责来撒哈拉大沙漠旅行的游客们的安全，他们做得非常出色。法国的这些外籍兵团的军人（顺便说一下，他们从未获准踏上法国的土地）可能有点粗鲁，但他们手上的问题也同样十分棘手。维护一个

沙漠中的绿洲

同欧洲一样大的地方的治安只有这几个人，就算是圣徒也干不来的。如果我们能相信一般的传言的话，那么很少有圣徒愿意响应征招来干这种事情。古老的商路的重要性正在丧失，四轮汽车正在取代气味难闻的骆驼。使用汽车来做长途运输可以减少成本，而且也更可靠。成千上万头骆驼聚集于廷巴克图，给撒哈拉西部的人运送食盐的日子一去不复返了。

在1911年以前，撒哈拉大沙漠中濒临地中海的那个地区由当地的一个帕夏统治着，这个帕夏承认土耳其苏丹为最高统治者。在1911年这一年，有消息说，法国人只要不挑起同德国的战争，他们就要夺取摩洛哥。当意大利人获得这个消息后，他们突然想到，利比亚（的黎波里的拉丁名字）从前曾经是罗马的一个非常繁荣的殖民地。于是，他们横渡地中海，占领了这块40万平方英里的非洲土地，并在上面升起意大利旗帜，之后，又很有礼貌地问全世界，要如何处理这个事情。由于没有人对黎波里（这是一块既没有铁矿也没有石油的沙地）特别感兴趣，所以这些恺撒的后裔们就得到了这块新的殖民地。他们目前正忙着修路，并准备在此地种棉花，提供给伦巴第的纺织厂使用。

在东部，与意大利用来进行一定艺术难度的殖民活动的试验地相接的是埃及。这个国家的繁荣得益于它优越的地理位置。事实上，埃及就像个岛屿。利比亚沙漠从西部将它与外界切断，南部有努比亚沙漠的保护以免受攻击，而红海和地中海分别从北部和东部看护着它的边界。现实中的埃及，历史上的埃及，这块法老们的古老土地，是古代世界艺术、学术和科学的伟大宝库，它是由一块很狭长的土地构成的。这块土地位于一条和密西西比河差不多长的河流的边上。如果不把沙漠地带算在内的话，埃及真正的面积比荷兰王国还要小。但不管怎么说，荷兰只能养活700万人，而尼罗河却非常肥沃，可以养活的人口数是荷兰的两倍。当由英国人开始建造的大型水利灌溉工程竣工时，尼罗河流域就可以容纳更多的人口。但是，农民（耕种土地的人，他们几乎无一例外是伊斯兰教徒）只能附着在他们的农场里。因为工业很难在一个既不产煤，也没有水力资源的国家发展起来。

自从公元8世纪被伟大的穆罕默德征服以来，埃及就一直属于土耳其，处于埃及总督或者他们自己本地的国王的统治之下。1882年，英国人以埃及财务状况糟糕、欧洲人有权干预为借口，占领了埃及。但是，第一次世界大战之后，“埃及是埃及人的埃及”的呼声非常强烈，以至于英国人不得不宣布放弃对埃及的占领。埃及再一次成为一个独立的王国，有权和其他大国签署除了商业条约（必须首先提交英国认可）以外的各种条约，英国军队撤出除塞得港之外的所有埃及城市。最终，自从尼罗河三角洲上的达米埃塔和罗塞塔丧失了重要地位以后，亚历山大港就变成了地中海上的主要商业港口，在该港口的英国海军基地仍然必须保存下来。

这是个既慷慨又万无一失的协定。因为同时，英国永久地占据了苏丹东部地区，尼罗河刚好从这里流过。通过控制1200万个子矮小、皮肤棕色的埃及人赖以生存的尼罗河上的这一段河流，英国确信，对于他们所提出的要求，遥远的开罗或多或少会明白的。

然而，熟悉近东政治局势的人是不会对英国人企图牢牢控制这一地区进行指责的。苏伊士运河是通往印度的捷径，它从埃及全境流过，如果让这条含盐的商业动脉被其他国家所控制的话，那么对英国来说就等于是自杀。

当然，苏伊士运河不是英国人开凿的。事实上，英国政府曾试图竭力阻止德·雷赛布开凿这条运河。英国反对这项计划有两个原因：首先，尽管拿破仑三世再三声明，法国工程师建造这条运河只是一种商业冒险，但是英国人根本就不相信。维多利亚女王也许对这个住在杜伊勒里宫的亲爱的兄弟很喜欢，因为当她那可爱的臣民因生计问题快要起来暴动时，她的这位兄弟曾经担任过伦敦特警。但是，普通的英国人不喜欢听到这个名字，这个名字会使他们过多地想起半个世纪以前的那场噩梦。其次，英国也担心，这条通往印度、中国和日本的捷径的开通，会对他们在好望角的城市的繁荣造成严重影响。

然而，苏伊士运河还是建造了。威尔第先生所写的宏伟壮丽的歌剧《阿伊达》就是为了纪念这一伟大的时刻。埃及总督也自掏腰包，给外国游客提供免费食宿，赠送《阿伊达》的门票。当局动用了至少69艘船去装运从塞得港去苏伊士野餐的宾客，苏伊士是位于红海边上的运河的终点。

后来，英国改变了策略。当时的英国首相是本杰明·狄斯累里，他属于那种极有商业智慧的人，他设法控制了运河的大部分股票，此前，这些股票一直都掌握在埃及总督的手中。另外，随着拿破仑的失利，运河被证明是亚欧间贸易的天赐之物，仅税收每年就可得到将近4000万美元。（在1930年，运河就有2800万吨的吞吐量，几乎就是我们自己的苏圣玛丽运河自开通以来

英国首相本杰明·狄斯累里设法控制了运河的大部分股票。另外，随着拿破仑的失利，运河被证明是亚欧间贸易的天赐之物，仅税收每年就可得到将近4000万美元

所有吞吐量的三分之一。）从这方面来看，英国政府也就再无怨言了。

顺便提一下，埃及的古代遗迹在陆地上遍地都是。在开罗附近，你会看到金字塔。开罗曾经就是孟斐斯所在地。底比斯是上埃及的古都，它坐落在河流上游的几百英里处。不幸的是，巨大的灌溉工程阿斯旺大坝，把菲莱岛变成了许多小岛。这些小岛现在完全被尼罗河浑浊的泥水所包围，所以这个岛屿注定要彻底地毁掉。死于公元前14世纪的图坦卡蒙国王的陵墓也在埃及的这一地区被发现了。这儿还发现了许多其他法老的陵寝，许多以前法老用的家居用品、木乃伊等都被汇集在了开罗博物馆，使得该馆迅速成为一座陵墓，同时也成为世界上最有趣的古迹收藏地之一。

非洲的第三个部分，从地理上来看与其他部分不同，这就是苏丹。它几乎与撒哈拉一样平行延伸，但苏丹未能向东延伸太远，因为阿比西尼亚高原突然挡住了去路，并将它与红海隔开。

现在，在一场大型国际桥牌比赛中，非洲被当成了赌注。当一个国家出“3张黑桃”时，其他国家立即出“4张方块”。19世纪早期，英国人从荷兰人手中抢来了好望角。由于这儿原先的移民是荷兰人，因而他们非常顽固。他们收拾好财物放到大篷车中，给牛套上轭，向北方跋涉（现在这些词汇完全是非常优美的英语词汇。自从布尔战争后期以来，你可以在任何一本好的词典里发现这些词汇）。此时，英国人学会了俄国人在16世纪征服西伯利亚时所玩弄的那套手法。你可能知道这个手法是怎么玩弄的。当有足够的流浪人员被安顿到西伯利亚的新地区时，沙皇的军队就会跟随过来告诉他们说，因为他们原本是俄国臣民，他们刚占有的土地，也因此当然就是俄国的财产，莫斯科政府会通知他们什么时候会有人来征税。

随着布尔人不断往北深入，英国人就尾随在他们后面，去吞并布尔人的土地，这就导致了一些非常令人不愉快的冲突。因为布尔农民大部分时间都在户外，而且射击技术也高于伦敦的士兵，于是布尔农民向伦敦士兵开火。在1881年，马如巴战役以后，（格莱斯顿对这件事情的看法非常公正。当时，他非常克制地发表了一个演讲。对于这个演讲，所有的政治家不妨摘录一下："昨夜我们被人打败，我们的自尊心受到伤害，但这不应是我们坚持让流血事件再次发生的理由！"）布尔人得到了暂时的喘息机会，重新获得了独立。

但是，整个世界都知道这个发生在大英帝国和一小股农民之间的战争会如何收场。英国地产公司从土著人酋长手中获得了大量土地，从而不断向北部逼进。同时，为了便于控制整个埃及，英军慢慢地又顺尼罗河两岸稳步向南推进。英国传教士则在非洲中部进行探索，成果辉煌。很明显，英国人正在挖一条隧道，穿越这个黑色大陆的中部。他们的建设工程在开罗和好望角同时动工（这是挖掘隧道通常的方法），隧道两端早晚会在尼罗河和刚果河的发源地大湖区汇合。到那个时候，英国人可以从亚历山大出发，乘火车直达桌湾（因形状奇特的平顶山桌山而得名，这个平顶山构成了开普敦的天然背景），中途无须换车。

显然，此时法国人正在计划按照英国人在南北线上的做法，在东西线上施展拳脚，东西线从大西洋一直到红海。也就是说，从塞内加尔的达喀尔至法属索马里兰的吉布提。吉布提也是整个阿比西尼亚（今埃塞俄比亚）的入口港，即使是当时，也有铁路将它与阿比西尼亚首都亚的斯亚贝巴联通。

这么大的工程所需的时间非常长，但也不像我们想象中的那么长，有时当我们看着地图时，会想象在线路修到像尼日利亚北部的乍得湖这样难以到达的地点之前，工程中要克服多么可怕的困难——线路最艰难的部分就是从那里开始的，因为苏丹东部（今盎格鲁—埃及苏丹）是一片荒凉之地，就如同撒哈拉沙漠一样。

如果不把沙漠地带算在内的话，埃及真正的面积比荷兰王国还要小。但不管怎么说，荷兰只能养活700万人，而尼罗河却非常肥沃，可以养活的人口数是荷兰的两倍

但是，资金如果掌握在一个充满活力的现代化强国手中，特别是当这个强国看到资本翻倍的机会时，那么资金就会轻而易举地炸开通向时间和空间的道路，而且往往就像军用坦克碾过一群鹅那样残忍。法兰西第三帝国一直就想重新获得第二帝国所丧失的威望。此时，它跃跃欲试。法国人的长袜和法国农民们久藏的旧雪茄盒又提供了必要的资本。东西线和南北线之间的权利之争正在激烈地进行着。从17世纪初开始，法国人就一直同英国人、荷兰人争夺着塞内加尔河和冈比亚河之间的土地所有权。现在，法国人把这块领土当成政治斗争的启瓶器，用它来获得整个苏丹那广袤无垠的土地上的资源。

为了把苏丹西部的大部分土地并入他们的非洲帝国，法国人采取了军事行动、阴谋诡计、外交步骤、商业措施以及坑蒙拐骗等各种手段。关于这方面的细节，我就不详细说了。直到现在他们仍假装只是许多保护国和托管地的临时管理，但所有人渐渐都意识到了他们的意图。那些垄断了纽约牛奶生意的歹徒们，可能称自己的那帮杀手为“牛奶商保护协会”，欧洲各国很快就学会了我们的这些打家劫舍的强盗的伎俩，捏造了“托管地”一词，但其效果是一样的。

从地理上来看，法国人做出了明智的选择。苏丹的大部分地区很富庶。当然，这也说明苏丹的土著人是所有居住在非洲的各种黑人中最聪明勤奋的人。

然而，在白人看来，苏丹人有一个最大的缺点，那就是他们是伊斯兰教先知的信徒，先知的传教士影响了整个北非地区，并使这里的人都改变了信仰。

在法国人、英国人和德国人进入苏丹以前，这个地区的大部分地盘都是属于那些长相迷人的贵族的，这些贵族通过互相间偷抢对方的属民并把他们贩卖为奴而发了财。有些当权者不仅名声极坏，而且还是旧时代的君主中最残暴的人。达荷美共和国[1]国王和他那办事干练的亚马孙军队，仍然让那些最后一次看到他的军队在我们国家的博览会上所作所为的儿童记忆犹新。这也是为什么当欧洲的军舰出现在非洲时，本土人基本不反抗的原因。不管白人统治者有多贪婪，但总比那些刚被废黜的黑人暴君要好多了。

苏丹南部的大部分地区与大海之间，被一座高大的沿几内亚湾海岸分布的山脉隔开了。这就使尼日尔河这样的河流对内地的发展实际上起不到什么作用。因为像刚果河一样，尼日尔河必须绕一个非常大的弯，以避开这些丘陵的主体部分。而在到达海岸以前，尼日尔河必须在岩石中冲出一条水道。结果，就形成了许多大瀑布，这些瀑布是没有用的（就是说，它在大海附近），而河流的上游部分可以通航，但是，却没有人在那里航行。

尼日尔河的情况并非如此。实际上，它就像芒戈·帕克1805年发现它时那样，与其说它是一条正规的河流，还不如说它是一串连在一起的长长的湖泊和小水潭。芒戈·帕克还是一个苏格兰小孩儿的时候就梦想着发现这条河流，而当他在1805年发现它时，却付出了生命的代价。也正因为如此，苏丹虽然没有通航水道，但苏丹人却能在陆地上成功地开辟出一条贸易通道。而位于尼日尔河上游左岸的廷巴克图也发展成了非常重要的贸易中心，成为非洲的下诺夫戈罗德，四面八方的商人来到这里做生意。

廷巴克图的声望在很大程度上得益于它那奇怪的、听起来就像某个神秘的非洲巫医开出的药方的名字。1353年，被誉为“阿拉伯世界的马可·波罗”的伊本·巴图塔就到过廷巴克图。20年以后，该地首次出现在西班牙地图上，被认为是黄金和食盐买卖的大市场。在中世纪时，黄金和食盐的价值差不多相等。1826年，当英国少校戈登·莱恩从的黎波里出发，越过撒哈拉沙漠，到达廷巴克图时，由于屡遭图阿雷格人和富拉塔人

① 1975年更名为“贝宁人民共和国”。——译者注

的袭击和破坏，此地已和它以前一样成为一堆废墟。莱恩少校在去海岸的途中，被塞内冈比亚[①]的富拉塔人杀害。也就是从此时开始，廷巴克图成了法国在苏丹西部行动的一个明确而普通的“目标”，而不再是另一个神秘的麦加或希瓦或西藏了。

在1893年，此地被法国“军队”占领。而这支法国军队由一个海军少尉和6个白人，再加上12个塞内加尔随从组成。当时，沙漠部落的力量尚未瓦解，所以，不久以后，大多数白人入侵者就被他们杀死了，一支从海岸赶来给失败的海军小分队报仇的200人的援军也被他们消灭了。

当然，苏丹西部落入法国人手中那只是一个时间问题。苏丹中部的乍得湖附近的地区也是这样，这个地区更易进入，因为作为尼日尔河支流的贝努埃河是由东往西流的，它比尼日尔河更适合航行。

乍得湖海拔高达700英尺，但非常浅，深度几乎不足20英尺。与大多数其他的内陆海相比较而言，它的湖水是新鲜的淡水。但它正在变得越来越小，再过100年，或许会变成一片沼泽。有一条叫沙里河的河流最后注入乍得湖，沙里河只是一条内河，其发源地与大海相隔千里，入河处也与大海相距千里。然而，它却和莱茵河一样长，它是我所想到的最能让你清楚地了解非洲中部面积情况的河流。

多山的瓦代地区位于乍得湖的东面，它也正是尼罗河、刚果河和乍得湖区的分水岭。从政治上看，瓦代地区属于法国，它被看成了是法属刚果的一个行政区。它也是法国势力范围的终点，因为它的东面就是苏丹的东部，即现在著名的英属埃及苏丹，这个国家古代的时候被称为白尼罗河国家。

当英国人开始勘测从好望角到开罗的公路时，他们就决定必须占领这块极具战略价值的要地，不然的话，就会有被别国夺去的危险。苏丹东部是

①塞内加尔和冈比亚 1982 年建立联邦，1989 年分裂。——译者注

一片沙漠，单调，简单，让人有一种奇异之感。尼罗河是绝对无法通航的，而且也没有公路。人们在附近沙漠的尘渣的折磨下，生活贫困潦倒得让人难以置信。从地理的角度而言，东部苏丹并无任何价值，但从政治上来说，却潜力巨大。因此，1876年，在英国的劝诱下，埃及总督把这块几十万平方英里“名义上的埃及领土”交给戈登将军管理。这个戈登将军曾协助清政府镇压了太平天国运动。戈登在苏丹待了两年，在一个很聪明的意大利助手罗慕路·盖西的帮助下，完成了一件最需要完成的事情：打破了最后一个奴隶的枷锁，枪毙了奴隶主头子，让10000名男女奴隶获得自由，重回故土。

但是，这个严厉的清教徒一离开苏丹，过去那可怕的政治腐败和压迫又卷土重来，结果导致了要求完全独立的运动爆发了。苏丹人喊出“苏丹人是苏丹人的苏丹，我们需要奴隶贸易”的口号。这次叛乱的领袖是一个叫穆罕默德·艾哈迈德的人，他自称马赫迪或是带领信徒走上真正的穆斯林信仰之路的人。这个马赫迪成功了。1883年，他占领了科尔多凡的乌拜依德，现在此地有铁路通开罗。之后，在同一年，他击溃了一支由希克斯·帕夏率领的10000人的埃及军队。希克斯·帕夏是为埃及总督服务的英国上校。同时，在1882年，英国成了埃及的宗主国。此时的马赫迪不得不面对一个更危险的敌人。

然而，英国在处理殖民地问题上非常有经验。他们对困难了解得很清楚，因此，他们不急于匆匆忙忙地发动远征。这个时刻，英国劝说埃及政府从苏丹撤军。戈登将军再一次被派往喀土穆，负责将剩余的埃及驻军撤回来。但是，戈登一到喀土穆，穆罕默德·艾哈迈德就挥师北上，把戈登和他的同伴围在了喀土穆，戈登只得发信求救。但是，戈登是位清教神秘主义者，而当时的英国政府首脑是一个英国国教神秘主义者，这两个神秘主义者，一个在泰晤士河畔的伦敦；一个在尼罗河边的喀土穆。他们互相之间都不喜欢对方，所以也不可能好好地合作。

格莱斯顿派出了援军，但一切太迟了，因为在援军离喀土穆还有几天行

从尼罗河三角洲上的达米埃塔和罗塞塔丧失了重要地位以后，亚历山大港就变成了地中海上的主要商业港口，在该港口的英国海军基地仍然必须保存下来

程时，喀土穆已经被马赫迪的军队攻陷，戈登被杀。这件事发生在1885年的1月。同年的6月，马赫迪死了，由其继任者一直统治着苏丹，直到1898年基钦纳指挥的英—埃军队将他的追随者消灭在沙漠中，并重新夺回了南至乌干达的苏丹全境。乌干达位于赤道上。

英国人做了大量的工作去改善土著人的生活条件，给他们修公路、铁路，为他们提供安全，消灭各种可怕且讨厌的疾病。这些都是白人平常为黑人所做的事，白人为黑人做的一切，如果这个白人有那么愚蠢的话，他会期望得到黑人说一声谢谢，但是他做这一切所得到的回报，就是只要有机会，黑人就从背后朝白人开枪。对于有几百年殖民经验的白人而言，这一点他们非常清楚。

向南从亚历山大通到开罗的那条铁路，现在向西延伸到乌拜依德，向东延伸到了红海边上的苏丹港。假如来年苏伊士运河被敌人突然摧毁了，那么英国仍然可以通过这条穿过埃及的谷地然后又越过努比亚沙漠的铁路线把军队从东部运到西部。

但是现在，让我们再回溯几年，看一看马赫迪领导的起义，是如何对非洲的发展产生极其深远的影响的，而非洲的发展在某种程度上与马赫迪本人，或者说与他要成为他父辈的土地上独立的统治者这样的抱负毫无关系。

当马赫迪起义开始后，当时已经开到了最南边的埃及军队被迫在非洲中部的一个实际上不知名的地方避难。1858年，斯皮克曾路过此地。这时，他发现了可以称为尼罗河的母亲湖的维多利亚湖。但在阿尔伯特湖和维多利亚湖之间的大部分土地都是未知地。在喀土穆沦陷之后，这支埃及军队在一个名叫爱德华·施尼策尔（他的土耳其头衔艾敏帕夏的知名度更高）的德国医生的指挥下，消失得无影无踪了，整个世界都感到很奇怪，这支军队的首领出了什么事？

在阿比西尼亚南部和刚果的东部有非洲的三大湖泊。其中尼亚萨湖发出数条支流，这些支流注入赞比西河，而维多利亚湖的水注入尼罗河，坦噶尼喀湖则与刚果河相连，这就表明这个地区一定是非洲地势最高的地区

非洲

寻找这个首领的任务就委托给了一个名字叫斯坦利的美国记者去完成。这位美国记者本名叫罗兰兹，但他采用了一个新奥尔良商人的名字，这个商人曾经对他这个从济贫院里逃出来的初到美国的英国穷小孩儿非常好。1871年，斯坦利开始了他的寻找利文斯顿博士之旅。为此，他成为著名的非洲探险家。从那时起，英国就认识到，在非洲这块馅饼中拥有一点份额是十分重要的。伦敦的《每日电讯》和纽约的《先驱报》合作为斯坦利的旅行提供资金。这次探险持续了三年，从东一直走到西，证明了卢阿拉巴河才真正是刚果河的发源地，而利文斯顿怀疑卢阿拉巴河是刚果河的

乞力马扎罗山

一部分。这次旅行也探明了刚果河在迂回曲折地流向大海途中所经过的大片区域，他还带回了许多关于土著部落的奇怪的故事，对土著人的存在，迄今为止从来没有人怀疑过。

正是斯坦利的第二次航行，把人们的注意力集中到刚果的商业潜力上面来了，这也为比利时人利奥波德建立他的刚果自由邦提供了可能。

最后，艾敏巴夏的命运成了世界范围内关注的问题，斯坦利自然就成了完成此项工作的最佳人选。1887年，他开始了搜寻工作。次年，在阿尔伯特湖北面的瓦达伊，他找到了艾敏。斯坦利试图说服这个德国人（他似乎在土著人中拥有很大的权威）为比利时国王效劳，这就可能意味着非洲大湖区也会成为刚果殖民地的一部分。但是艾敏似乎有自己的计划。艾敏刚抵达桑给巴尔（它的确根本不急着"被解救"），就联系上了德国当局。最后，德国政府决定派他回去，给他提供充足的人力和钱财，目的是要建立一个德国的保护国，以控制维多利亚湖、阿尔伯特湖和坦噶尼喀湖三大湖之间的高原。早在1885年，在桑给巴尔沿岸，德属东非公司就已经牟取了暴利，如果再加上这片高原的话，那么德国能够挫败破坏英国人的计划。英国人的计划是用一片从埃及到好望角的宽阔领地把整个非洲划分成两半。但是，1892年时，在刚果河上的斯坦利瀑布附近，艾敏被一些阿拉伯奴隶贩子杀死了，这些阿拉伯奴隶贩子想为他们的一些同行报仇，这个严厉的德国人在年轻时曾绞死过他们的同行。因此，艾敏在坦噶尼喀高原建立一个新德国的梦想化为泡影。然而，由于他的死亡，非洲中部的大部分地区现在已经完全被标在地图上，这就把我们带到非洲的第五个自然区，即东部的高山地区。

这些高山地区从北部的阿比西尼亚一直延伸到南部的赞比西河，南非的领土范围就是从赞比西河开始的。这个高山地区的北部住着哈米特人。对于阿比西尼亚人和索马里人来说，尽管哈米特人有着卷曲的头发，但是，他们不是黑人。南部的居民由黑人和大量的欧洲人构成。

阿比西尼亚人是很古老的基督教徒，他们早在公元4世纪时就皈依了基督教。但是，他们的基督教情结却不能阻止他们永无休止地向邻邦开战。公元525年，他们甚至穿过红海，征服了阿拉伯半岛的南部地区。正是这次远征，使得年轻的穆罕默德认识到，把祖国建设成为一个强大、统一的阿拉伯国家是必要的。这也激发他投身到开创一种宗教和建立一个世界帝国的事业中去。

穆罕默德的信徒们所做的第一件事，就是把埃塞俄比亚人从红海沿岸的城镇赶走，破坏埃塞俄比亚人与锡兰（今斯里兰卡）、印度和遥远的君士坦丁堡之间的商业联系。在被打败以后，埃塞俄比亚就成了一个日本式的国家。他们对外界没有兴趣，这种局面一直持续到19世纪中期。当时，欧洲列强开始把注意力转到索马里兰半岛方向上了。他们之所以这样做，倒不是因为索马里兰有什么潜在的价值，而是因为它位于红海边上，红海很快就会成为苏伊士运河的延伸区域了。法国人首先来到这里，占领了吉布提港。英国人则占领了位于亚丁对面的英属索马里兰，控制了以亚丁这个地名命名的海湾。在此之前，英国人发动了一次讨伐阿比西尼亚皇帝西奥多的远征。在这次战争中，这位阿比西尼亚杰出的君主为了不落入英国人手中，选择了自杀。意大利也在英法属地以北占据了一块土地，目的是想把沿海地区变成日后发动对阿比西尼亚远征时的补给基地。

1896年，意大利光荣的远征开始了。当时，意大利人损失了4500名白人士兵和2000名土著士兵，被俘士兵的人数比这两个数字稍少一点。尽管意大利人现在又当上了索马里兰的另一片土地的主人（这片土地位于英国殖民地以南），但是从那以后，他们再也没和阿比西尼亚人交过战。

当然，阿比西尼亚最终的命运将会和乌干达以及桑给巴尔一样。但它的交通运输不便的问题，仅仅靠一条从吉布提到亚的斯亚贝巴的铁路线是解决不了的，而且，整个阿比西尼亚高原断裂的地形也构成了一个天然堡垒，再加上白人也知道，在这种情况下，黑人是会激烈反抗的，上面这些因素，就使这个古老的王国到目前为止免于像惯常的那样被欧洲强邻吞并。

在阿比西尼亚南部和刚果的东部有非洲的三大湖泊。其中尼亚萨湖发出数条支流，这些支流注入赞比西河，而维多利亚湖的水注入尼罗河，坦噶尼喀湖则与刚果河相连，这就表明这个地区一定是非洲地势最高的地区。最近50年的考察也证实了这一点。维多利亚湖东南部的乞力马扎罗山有19000英尺高；鲁文佐里峰（托勒密的月亮山，大约经过了20个世纪以后才被斯坦利重新发现）海拔16700英尺；肯尼亚山（17000英尺）和埃尔贡山（14000英尺）紧随其后。

整个地区最初都是火山区。不过，非洲的火山已经有好几百年没有喷发过了。在政治上，整个地区被划成了许多分区，这些分区都由英国人统治着。

乌干达是个产棉的国家，在1899年沦为英国的保护国。

今天的肯尼亚殖民地，是英属东非公司原领地，在1920年纳入大英帝国版图，而以前的德属东非殖民地，在1918年成为英国的托管地，现在是坦噶尼喀地区的一部分。

沿海最重要的城市是桑给巴尔，它是一个古老的奴隶贸易国的首都，以前是苏丹领地，1890年沦为英国的保护国，这个城市也是来自印度洋沿岸各国的阿拉伯商人的活动中心。桑给巴尔的方言——斯瓦希里语——的广泛传播要归功于阿拉伯商人。现在，整个非洲东海岸都说斯瓦希里语，就如同马来语成为荷属东印度群岛的“通用语”一样。现在，对于那些想在印度洋3000英里海岸沿线以及数百万平方英里的内地做生意的人来说，懂一点斯瓦希里语就成了最大的本钱。如果他不怕麻烦，还能学一点班图语（所有南非黑人的语言），再加几个葡萄牙单词，再略知一点洋泾浜式的阿拉伯语和一两句开普荷语，那么他从非洲大陆一端走到另一端，就如探囊取物一般容易。

16 美洲：最幸运的大陆

在所有的大陆当中，美洲是最热情的。当然，我只是从纯粹的地理单位上来说的，既没有把它看作工业发展中的一个经济因素，也没有把它作为一个具有各种新型政府形式的政治实验场。但是从地理的角度而言，差不多美洲的一切事物都能够令人满意。

它是西半球唯一的大陆，因此，它没有直接的竞争对手，

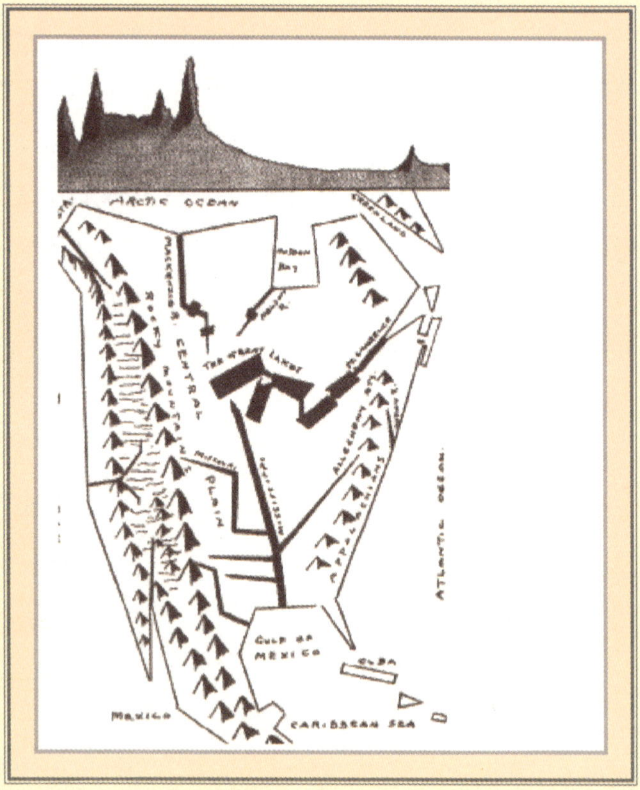

北美大陆

这跟非洲、亚洲和欧洲不同。它位于世界上两个最大的海洋之间，在大西洋成为世界文明中心的时候，这里就有白人定居了。

它的范围从北极延伸到南极，因此，它拥有各种类型的气候。离赤道最近的地区，也是地势最高的地方，因此，这里的气温很适合人类居住。

实际上，它没有沙漠。它被赐予了广阔的平原，而且这些平原都处于温带气候区，所以，这儿就注定是世界的粮仓。

它的海岸线，既不太简单，也不太复杂，所以，非常适合建深水港。

由于它的主要山脉都是南北走向的，它的动植物群落可以轻而易举地避开冰河时代的冰川的袭击。与欧洲动植物群落相比较，这里的动植物群落具有更好的生存条件。

它所拥有的煤、铁、石油、铜以及其他那些在机器时代需求量不断增长的原料，几乎比任何其他大陆都要多。

实际上，在白人到来的时候，这里还几乎无人居住（整个大陆上只有1000万个印第安人），所以没有多少土著人去制止入侵者的为所欲为，也没有人去认真地干涉白人按自己的意图去发展美洲。结果是，美洲除了在它自身形成过程中所带来的一些不幸的问题外，没有什么严重的种族问题。

这个新且空旷的大陆所带来的巨大经济机会，吸引了其他各个国家中的那些精力最充沛的人。这些人汇聚在一起，就能够形成他们自己的混血种族，这个混血种族在非常短的时间内，适应了这里新奇的、非同寻常的，但又非常简单的地理环境。

最后，而且也许最重要的是，今天，居住在这块大陆上的人们没有自己的历史，这样就没有了被永远也无法回来的过去所拖累。由于没有了这个不幸的包袱的拖累（其他地方的事实证明，这个包袱与其说是一种福祉，还不如说是一种损害），他们前进的步伐可以比其他种族快得多；而其他种族无论迈向哪里，都必须推着祖先的独轮小车前进。

南北美洲实际的地理特征不仅很简单，而且比任何其他的大陆匀称得多。但是，在主要的特征上，南北美洲之间非常相近，所以我们可以同时讨论它们，而不会冒险引起读者思想上的混乱。

南北美洲都像三角形，唯一的差别在于，南美洲这个三角形比北美洲三角形更靠东一点，而正是由于这个差别，也就确定无疑地解释了南美洲比北美洲更早地被人发现的原因；也说明了当南美洲已经广为人知的时候，北美洲的大部分地区仍然是传说中的“未被发现的地域”。

南北美洲两个三角形的西侧，都是由一系列清晰的南北走向的山脉组成，这些山脉占据了地表大约三分之一的面积；而另外在东部的三分之二是由一片宽阔的平原构成的，这个平原与大海之间（南北美洲都是这样的）由两座低矮一些的山脉隔开。在南美洲的是圭亚那山脉和巴西高地。

红杉——历史的见证

而关于河流的状况，这两块大陆也极为相似。一些不太重要的河流往北流去，而圣劳伦斯河和亚马孙河几乎是平行流动的；而巴拉那河和巴拉圭河更像是密西西比河和密苏里河的翻版，它们先在中途相遇，然后再分别沿着与圣劳伦斯河和亚马孙河垂直的方向流完剩下的路程。

至于中美洲这块东西走向的狭长陆地，从地理上讲，它实际上是北美大陆的一部分，后来在尼加拉瓜，地形和动植物群落突然发生了变化，于是，它就成了南部大陆的一部分。中美洲其他地区由高山构成，这就是墨西哥这个国家虽然同撒哈拉沙漠一样，也处于赤道附近，但却气候宜人、人口稠密的原因。

当然，南美洲比北美洲更加接近于赤道，而亚马孙河在从安第斯山脉出来一路浩浩荡荡地向大西洋流去的过程中，实际上是沿着赤道线流动的。但是，如果要用非常普通的术语来说的话（正如我现在做的这样），那就是，在这里我们有一个非常好的例子，可以用来研究地理环境对人类的影响以及人类对他所赖以生存的地理环境的影响。

大自然为它自己建造了两个大舞台，其模式实际上是相同的：右边是主要的入口，左边是一堵高墙，在中间有一片大的空旷地带，形成了一个贮存大量物质的贮藏库。然后，它把北边的舞台送给了一群日耳曼流浪艺人，这些艺人迄今为止只在乡村小镇的小剧场里表演过节目。他们是一伙出身卑贱的人，习惯于长时间的工作，以及扮演像屠夫、面包师及烛台制作工这样的普通角色。但是，它把南部的舞台出租给地中海地区最好的学校训练出来的高贵的老悲剧演员，这些演员只习惯于为王室成员表演，而且他们每个人舞刀弄剑时的优雅姿势，是他们的北方舞台上的同行见所未见的，他们的这些北方舞台上的同行们的胳膊因为握铁锹和斧头而变得僵硬，他们的背因不停地刨坚硬的土地而过早地变驼了。

然后，它将两个舞台的帷幕几乎同时升起，邀请全世界的人都来观看表

北极与赤道

演。请看，第一场节目还没有演一半，这时两个舞台的表演就已经和说开场白时完全不同了。当第二场表演开始时，这样的差异在女演员、男演员和儿童演员身上就表现得更明显了，以至于观众们气喘吁吁地低声说道：“这有可能吗？”

过去北欧海盗的船只看起来十分漂亮，可是，一旦在波涛汹涌的大海中航行时，就显得笨拙不堪了。结果，这些强壮的古代斯堪的纳维亚人经常被海风吹得脱离了正常航线，因为他们当时既没有指南针也没有测速仪，而且他们航行的装备和那些埃及的三桅小帆船一样笨拙。而当你在一卷3000年前的尼罗河流域的古代文献上看到所画的这种三桅小帆船时，你仍可能会赞叹不已。

现在，如果你翻开一张有墨西哥湾暖流的地图时，你会发现，墨西哥湾暖流在穿过海洋从非洲到达美洲之后，又再次慢悠悠地从西南往东北方向穿过大西洋北部，把福祉带给挪威沿岸，流经北冰洋，然后由冰岛和格陵兰岛返回。在流经冰岛和格陵兰岛时，它的名字和温度都发生了变化，接着再次向南流动，先是叫格陵兰洋流，紧接着又叫拉布拉多洋流。可恨的拉布拉多洋流把从格陵兰岛地区携带过来的大量天蓝色的冰川在大西洋北部地区撒得

墨西哥湾暖流的杰作

到处都是。

挪威人的航海，靠的是大致估算（我自己的祖先过去常常是这么说的）。早在9世纪的时候，他们就到达了冰岛。然而，一旦冰岛和欧洲之间建立经常性的联系之后，那么格陵兰岛和美洲的发现就是必然的了。就像是一个中国或者是日本的舢板，在被吹离了正常的航道之后，必然会到达英属哥伦比亚沿岸或者加利福尼亚沿岸，那是因为太平洋的湾流黑潮会把它带到那里去。因此，如果一个挪威人从特隆赫姆出发去冰岛，由于遇到大雾，他找不到目的地了（即使到了今天，在有各种仪器的情况下，遇到雾天也还是很可怕的事情），他迟早会发现自己到了格陵兰岛的东岸；或者，如果浓雾一直在持续，他继续走运的话，那么他可能会正好漂到东面的这个巨大的陆地屏障的沿岸，那些最早来到这里的人把这里称为葡萄地，因为此地产一种葡萄，他们可以用这种葡萄酿出最上乘的葡萄酒。

现在，我们最好要记住，很多重大发现是整个世界根本没有听说过的。普通的船长天生就惧怕在同行们面前这样自讨没趣：他向同行们讲述一个故事，而他的同行们无论如何也不相信，而这个故事后来被证明是幻觉所造成的，又或者是将矮云错当作是山脉，或者将一缕太阳光看成是平直的海岸。早在阿贝尔·塔斯曼踏入澳大利亚领土，并为自己削一支新的鹅毛笔向巴达维亚当局汇报土著人魁梧的身材以前，很多法国和西班牙的水手就在远处清晰地看过这片大陆。亚速尔群岛和加那利群岛经历了被发现、被遗忘、再被发现这样多次反复的过程，以至于我们的学校教科书很难确定它们究竟在什么时候第一次在世界大发现中被提及。毫无疑问，法国渔民在哥伦布时代前的数百年里就发现了去纽芬兰大浅滩航道，但他们只对邻居说那儿的鱼很不错，就什么也不说了。他们感兴趣的是鱼，另外一块地就只是另外一块地，既然布列塔尼有足够的土地供大家使用，那么为什么还要为离家乡很远的地方的事情操心呢？

在我所有的著作中，我一直坚持的一个原则就是：人性总是优先于民族性。我不会沉湎于那些通常的激烈的争论，例如关于要求庆祝哥伦布纪念日，或者要求庆祝利夫·埃里克森日，或是要求纪念某个最终从诺曼底档案馆被挖出来的法国水手。只要这样说就够了：我们有文献证据证明，在11世纪的头10年中，古斯堪的纳维亚人就到过那些海岸。在15世纪的最近10年里，一小股水手，以西班牙人为主，还掺杂着一定数量的外国人，他们或多或少地在一个意大利船长的指挥下，曾经到过这些海岸。当到达这里的时候，他们发现，他们不可能是最早到达此地的人。因为很明显，已经有亚洲血统的人在此地定居了。因此，如果要把“最早到达那里”的荣耀给予某个特定的人群的话，那些蒙古人是写入我们未来所有纪念册上的当然人选。

我们有一座无名士兵纪念碑。而对我们的那些“无名发现者”，也可以再立一个稍大点的大理石纪念碑，这也没有什么不合适的。但是，作为那个现在被法律禁止踏入我们大陆的可怜人的亲戚，我恐怕这样的计划不会有任何结果。

对于那些毫无疑问来自远东的第一批勇敢的开拓者的子孙，我们了解得很多。但是，真正让我们感兴趣的一件事将可能永远是一个谜，这件事情就是——亚洲人是如何来到美洲大陆的呢？他们是坐船横过了太平洋北部最狭窄的地方，还是跨过冰封的白令海峡，又或者在美洲和亚洲之间仍有一个狭窄的大陆桥连接时来到美洲的？唉，对于这些我碰巧都不知道，而且我也不认为这事有多么重要。当白人来到这些遥远地区的海岸时，他就和这里的一个种族接触，而这个种族除了住在几个孤立的地点之外，几乎都没有走出石器时代晚期。他们也没有进入用车轮减轻人背上的繁重负担的发展阶段，或者驯养的动物将它们的主人从持久繁重的劳动中解放出来，使他们不用通过打猎和捕鱼来获取微薄的日用生活资料的发展阶段。紫铜色皮肤的人即使手中有弓箭，也不是白人的对手，因为白人用枪可以从远处射杀敌人。

红皮肤的人从主人的地位沦为客人，他们还将存活几百年，然后，将会被他们之前的敌人彻底同化掉，只留下模糊的历史记忆。

但事情就是这样发生的，我认为我们对此也无能为力。

现在，我们最后看一下地图。

从白令海峡一直到巴拿马地峡，在美洲的西海岸有高大的山脉，成为一道天然的屏障，保护美洲不受太平洋的侵袭。这个屏障各处的宽幅不同，部分地区是几座平行的高岭，然而，所有的山脉都是同一个走向，即从北到南的走向。

格陵兰岛

很显然，阿拉斯加的这个山脉链是东亚山脉的延续，它被宽广的育空河盆地分成了两部分。育空河是阿拉斯加这个北部地区的主要河流。阿拉斯加以前属于俄罗斯帝国。到1867年，美国用700万美元将这个59万平方英里的荒芜之地买下了。

俄国人为什么对如此低廉的价格感到满意，其中的原因可能是由于疏忽，他们没有认识到这个地区的潜在财富。几个渔村和一些被冰雪覆盖的乱七八糟的山脉就卖了700万美元，这笔交易在当时似乎很划算。但是，1896年，克朗代克发现了黄金。正如俗话所说的那样，阿拉斯加也被标上了地图。从温哥华到朱诺，然后经过斯卡圭、奇尔库特、奇尔卡山口，最后到达克朗代克地区的中心道森（背上背着背包，因为动物价格非常昂贵，很难穿越北极圈以南的3500英尺高度上的厚厚的积雪），这个1000英里长的路程和人类寻找财富的任何旅程一样，十分艰难。但是，行程结束之后，就有一罐黄金在等着早期的到达者。当时，每个人往往都确信自己会是第一个到达那里的人。

然而，自那以后，人们发现，阿拉斯加是一个理想的获取毛皮和捕鱼的地区。除此之外，这里不仅贮藏着金矿（也是一个被厚厚的冰川所覆盖的地区），而且还蕴藏着大量的铜矿、银矿和煤矿。结果，在最初并入美国版图的40年间，其创造的收入是它当初价格的20倍。

阿拉斯加的南部，其山系开叉分成了两支。东部的一支是落基山脉，它向内地延伸；西部的那一支继续与大海平行延伸。落基山脉直到逐渐消失变成墨西哥高地之前，也没有改变过名称。墨西哥高地是太平洋斜面上的山脉，它们在和阿拉斯加地区的最高的山以及整个北美大陆的最高峰——麦金利山（20300英尺）——分开后，就有了很多不同的名字。在加拿大，它们被称作圣伊莱斯山脉和海岸山脉。但是，经过了温哥华岛（是一个多山的岛屿，约翰斯顿海峡和佐治亚海峡将它与大陆隔开）后，它们又分成两部分，其中西半部分仍然叫海岸山脉，而东半部的丘陵在华盛顿和俄勒冈地区就叫喀斯喀特山脉，在加利福尼亚就叫内华达山脉。两个山脉之间宽阔的空旷地带是萨克拉门托河和圣华金河的河谷，这两条河流在流入圣弗朗西斯科湾之前，就中途合流了。圣弗朗西斯科湾是世界上最宽、最深，同时也是最好的停泊港口。该湾通过著名的金门海峡，与太平洋相连。

西班牙探险队的前锋到达这个谷地的时候，这里完全是一片荒地。现在，通过灌溉，这儿成了世界的果园。在付出非常合理的辛苦劳动之后，这里的苹果、桃子、李子、橘子和杏子就会生长并繁茂起来。

对加利福尼亚人来说，这个谷地真是天赐之物。因为当19世纪40年代的淘金大热潮一过，那些矿主和工人们就发现，只要换个职业，变成果农而不再当采矿者，那么他们的日子一样可以过得很舒适。而在阿拉斯加和澳大利亚，一旦金矿被挖空了，就无法养活那么多人了。人们会立刻消失，就和他们来的时候一样快，留下的只有空空的城市和乡村，以及锡杯。但是，加利福尼亚则不同，它没有像大多数产金地区那样因为矿产枯竭而衰败，实际上反而因此更加富裕了。这个情况在人类历史上非常独

纽芬兰

特，应该被记载下来。

当人们发现在地底深处贮藏着大量的石油时，那么这个州的前景就完全明朗了。整个这一地区有点不稳定，这是事实。加利福尼亚湾很深的断裂口，会偶尔引起不同岩层的偏移，这是十分危险的（尤其是容易引发大火），但是地震所带来的麻烦只是短暂的，而这儿的阳光、宜人且平稳的气候是此地永久的福佑。加利福尼亚从一开始起就是整个北美大陆人口最稠密的地区之一。

在内华达山脉和落基山脉的实际范围之间，有一个非常宽阔的谷地，这个谷地由三部分组成。北部是哥伦比亚高原，斯内克河和哥伦比亚河从此地流入太平洋；哥伦比亚高原南部连着沃萨奇山脉和科罗拉多高原，科罗拉多河穿越科罗拉多高原时，形成了著名的科罗拉多大峡谷；两座高原之间有一个坑，该坑被称为“大盆地”。摩门教徒在被迫逃离美国东部后，选择大盆地作为他们的永久居住地。虽然这儿缺少水（大盐湖水源丰富，但其水比海水还咸得多），在不到100年的时间里，摩门教徒就使大盆地成了最富饶的地方。

整个这一地区都是一个火山相当多的地区，这儿曾经发生过非常剧烈的震动。下面的事实就可以证明这一点：从比海平面低276英尺的死谷谷底，你可以看到全美国最高峰惠特尼山山峰（海拔为14496英尺）的山顶。

落基山脉以东是一块巨大的平原，该平原北抵北冰洋，南接墨西哥湾，东连拉布拉多地区的劳伦琴山脉，以及美国的阿巴拉契亚山脉。如果耕种得当，那么光这个平原就可以养活我们全球的人口。所谓的“大平原”（在这里，落基山脉逐渐变缓，最后成为平地）和中央平原就是一个巨大的粮食区。密西西比河、密苏里河、俄亥俄河、阿肯色河和雷得河，都流经这两片平原，最终流入墨西哥湾。在北部地区，地理条件并不好，因为这里的河流——马更些河、阿萨巴斯卡河、萨斯喀彻温河和奥尔巴尼河，要么流入了北冰洋，要么就流进了哈得孙湾，而且它们在一年中的大部分时间都处于冰冻期，因此仅有局部的重要性。密苏里河发源于蒙大拿的黄石公园附近，密西西比河（加上密苏里河，就是世界上最长的河）发源于一片位于加拿大的温尼伯湖和苏必利尔湖之间的分水岭，密苏里河和密西西比河这两条漂流从源头到三角洲整个全程几乎都是可以通航的，它们流经一个地区，这个地区在未来的几个世纪里，将会像中国的东部那样人口稠密。

这个地势稍高的地区位于哈得孙湾（或者北冰洋）、大西洋和墨西哥湾之间，这里的其他湖泊有密歇根湖、休伦湖、伊利湖和安大略湖，都处于这一片湖区中。后面的两个湖之间由一条较短的河流连接，因为有一个名叫尼亚加拉的大瀑布（尼亚加拉大瀑布比赞比西河上的维多利亚瀑布略宽，但只有维多利亚瀑布的一半高。而另一个约塞米蒂大瀑布高1000多英尺，在高度上比前两个瀑布都要高），所以这条短河不能通航。于是，伊利湖和安大略湖由韦兰运河连接。休伦湖和苏必利尔湖由苏圣玛丽运河连接。苏圣玛丽运河通过水闸的船舶吨位超过了通过巴拿马运河、苏伊士运河和基尔运河的船舶总吨位之和。

这些湖泊的水最后都流入大西洋，而在流入大西洋的过程中，要通过圣劳伦斯河，流入圣劳伦斯湾。圣劳伦斯湾是一种内陆海，它的西边有加拿大群山，东边有纽芬兰岛（当约翰·卡伯特在1497年发现了这个岛，以及在1500年该岛迎带第一位葡萄牙总督时，这个岛是“新的”）、南面有布雷顿角岛、新斯科舍岛和新不伦瑞克岛。卡伯特海峡把纽芬兰岛和布雷顿角岛分开，它见证了意大利人最早来到这里。

加拿大北部即所谓的西北地区，那里因为气候太冷，以至于完全不适宜白人居住，因此，除了一些与当地独特的警察部队相关的传闻外，我们很少听到与该地区有关的消息。这个地区湖泊众多，大部分土地过去属于哈得孙湾公司。这个公司创建于1670年，这一年刚好是亨利·哈得孙（哈得孙湾的发现者，该湾也以他的名字命名）死后的第五十九年，亨利·哈得孙就是在这个海湾被反叛的水手谋杀的。“英格兰冒险者”组建了哈得孙湾公司，他们用这样的名字，实在是名副其实，没有多大的差别。只是，如果他们在哈得孙湾再待上50年，那么湖泊和森林（即使是在繁殖时节，对毛皮动物的猎杀也没有停止）中的所有的生物都会被他们杀光，而印第安人可以随时得到烈酒，他们也会因为大量地饮杜松子酒而把自己灭绝。因此，高尚的女王陛下最后干涉进来，兼并了该公司所管辖的大部分土地，将其纳入女王陛下在加拿大的领地名下，这使得哈得孙湾公司成了一个历史的古董。这个公司仍然（虽然规模已经大大减小了）继续在同一地区经营（在同样的管理人员的手中连续经营了262年——没有不良记录，如果你愿意，你可以检查任何一个商号），但其经营已不再按从前那种旧式的、不负责任的方式进行了。

位于哈得孙湾和圣劳伦斯河之间的拉布拉多半岛离从格陵兰冰冻的海岸过来的寒流太近了，所以这个半岛对任何人都没有价值。但是，加拿大自治领开始了无限美好的未来。而今天，非常严重的人口匮乏则成了他们面临的主要问题。

政治上而言，加拿大是以前的梦幻帝国所遗留下来的最有趣的残余之一。我们常会忘记下面的事实：当华盛顿出生时，北美大陆的大部分地区被法国和西班牙占据着，而英国在大西洋沿岸上的殖民地也仅是一块盎格鲁一撒克逊人的小飞地，完全处于敌对国家的包围之中。早在1608年，法国人就在圣劳伦斯河口定居。后来，他们将注意力转向内陆地区。在尚普兰到达休伦湖之前，他们先是往正西方向扩展。他们勘察了整个大湖区。马凯特和乔利埃特找到了密西西比河的上游。拉萨尔在1682年沿着河流往下走到大海，并占领了整个河谷地区，他以国王路易十四的名字把这个地区命名为路易斯安那。到17世纪末，法国宣称拥有远至落基山脉的所有土地的所有权。在洛基山脉另一边的领土应该就是属于西班牙天主教陛下的了。阿利根尼山脉在当时确实是一个屏障，它将这个巨大的法属殖民帝国与大西洋沿岸的英属、荷属领地，以及西班牙的另一个殖民地佛罗里达分开。

如果路易十四和路易十五懂一点地理知识的话，事实上，如果地图对这些喜欢附庸风雅的君主的重要性大于一条制工考究的哥伯林双面挂毯上的彩色图案的话，那么，新英格兰人和弗吉尼亚人现在就可能说法语了，整个北美地区也会听巴黎指挥了。但是，这些决定欧洲命运的人，没有意识到新世界意味着什么。由于法国人的漠不关心，加拿大变成了英国的地盘，魁北克和蒙特利尔也不再是法国的城市了。又经历了几代人之后，新奥尔良和整个远西地区也被卖给了共和国。这个共和国是由大西洋沿岸几个反叛的英国小省新近建立起来的。即使是伟大的拿破仑，当他看到成堆的美元时，也认为他做了一笔不错的买卖，但是他所卖出的，恰恰是现在美国最富庶的地区。

1819年，佛罗里达被并入新的领地中。1848年，从墨西哥手中得到了得克萨斯、新墨西哥、亚利桑那、加利福尼亚、内华达和犹他州。大陆的北半部分会成为两个拉丁强国的腹地，这在当时似乎是确定无疑的事。在此后不到100年的时间里，这个地区完全易手，成为欧洲北部大平原的一个延伸。

至于各个不同地区后来的经济发展，由于在这些地区战争的可能性，尤其是原主人的漠不关心和目光短浅，这些都出人意料地凑到了一块，这就使得这里的经济发展呈现出世界上从未看到过的规模。当第一批铁路修通、第一批轮船建造成功后，成千上万的移民到来，他们有的通过水路到达大湖区，有的翻过阿利根尼山来到大平原占据地盘，准备在此地建造居所，他们所种植的那种小麦，使芝加哥日后成了世界上最重要的粮食中心。

当在大湖区、阿利根尼山和落基山脉的丘陵之间的三角地带发现贮藏着数量空前的煤矿、石油和铜矿后，这个地区很快成了新合众国的大工业区。区域内像匹兹堡、辛辛那提、圣路易斯、克利夫兰、底特律和布法罗这样的城市，吸引了来自世界各地的劳工，他们帮助早期的移民开发这些宝藏。由于这些城市需要港口来出口他们的钢铁、石油、汽车，因此，大西洋沿岸的老殖民定居区像纽约、波士顿、费城、巴尔的摩就拥有了它们以前从来没有过的突出的地位。

同时，南部各州终于从重建时期的黑暗时光（比内战本身还要令人痛苦得多）中走出来了，它们很快凑集了足够的资金，开始了在没有奴隶劳动力帮助的情况下种植棉花作物。加尔维斯顿、萨凡纳和新奥尔良又恢复了生机。铁路、电报线路和电话线，使整个国家成为了一个巨大的农场和工厂。在不到半个世纪的时间里，有6000多万的欧洲人漂洋过海，加入早期移民者的行列，一起规划、建设、生产、销售，他们所建起的工场是世界上的人们以前从未见过的。但是，大自然从来就没有给予一个国家像我们一样的如此无限的机会——巨大的平原上有非常宜人的气候，肥沃的土壤，两旁有近便的山脉的保护。实际上这里无人居住——几乎取之不尽的资源——便利的航道。此外，历史还为它增添了差不多是更重要的礼物，那就是一个国家、一种语言，没有过去。

当我们继续往南走一点，来到墨西哥和中美洲时，我们就认识到了这些优越条件对一个国家的真正意义。除了古代玛雅人居住的尤卡坦半岛之外，墨西哥全部都是山，从里奥格兰德一路往南，山势渐渐升高。当到了马德雷山脉的高原和阿纳海克高原时，其最高点分别达到了16000英尺和17000英尺。大多数地势高一些的山脉，像波波卡特佩特山（17543英尺）、奥里萨巴山（18564英尺）和伊克斯塔华特山（16960英尺）最初都是火山，但是，科利马山（13092英尺）是目前唯一的活火山。

在太平洋那一边，马德雷山脉从海岸处急剧升高，但在大西洋那一边，山势下降平缓。由于欧洲人是从东面来的，因此他们进入内地非常容易。在16世纪的头几年里，他们的先遣队就来到了这里。那时的西班牙非常失望，因

北美大陆

为那个该死的热那亚人的新发现被证明是一个彻底的失败，一场凄凉的失败，没有黄金，也没有白银，这儿有的，只是裸体的野蛮人，你让他们干活的话，他们就躺下，然后死掉，还有无数的蚊子。

接下来谣言四起，说在山的那一边，有一个阿兹特克人的皇帝，这个皇帝住的城堡、睡的床、吃饭的盘子全部都是金子打造的。1519年，赫尔南多·科尔特斯和他的300名冒险者在墨西哥登陆，靠着12门大炮和13支大口径霰弹短枪，夺得了可怜的孟泰苏玛的全部领土，在孟泰苏玛看到自己的国家消亡之前，就被以哈布斯堡君主的名义绞死了，孟泰苏玛的国家不久以前还和哈布斯堡君主统治下的地区一样被治理得井然有序。

在这之后差不多300年的时间里，准确地讲，到1810年，墨西哥仍是西班牙人的殖民地，并接受殖民地的待遇。一些墨西哥当地的产品被禁止生产，以免与宗主国不太畅销的产品竞争。而土地上所出产的大部分财富，也装进了少数富裕地主的口袋，或者被那些宗教机构瓜分。一直到现在，那些宗教机构还在为保住他们对公有土地的控制权而纷争不已。

后来，在19世纪中期，可怜的奥地利人马克西米利安想借助法国的力量成为孟泰苏玛的继任人。在他的那次荒唐的冒险后不久，人们发现，墨西哥不仅是一个富裕的农业国，而且它的土地上的铁矿和石油的储量和美国差不多，甚至还超过美国。但当时，墨西哥有1500万人，其中有40%的人是纯印第安血统，国家穷困潦倒，几乎与科尔特斯当初来到这儿时的情况差不多。因为现在一些大的财阀开始插手墨西哥内部事务，策划革命，墨西哥土著人为此做出的回应是反对革命。直到第一次世界大战以前，墨西哥刷新了百年战争纪录（每年平均有20次革命），似乎整个国家都卷入谋杀和流血事件中。幸运的是，在第一次世界大战中，大财团的兴趣转移了（那场战争花费了大量的钱），墨西哥有一个喘息的空间。今天，一些强势人物正在努力纠正墨西哥300年来因忽略、疾病和文盲而造成的错误，已经取得了显著的效果，因为在韦拉克鲁斯和坦皮科（墨西哥湾的两个港口），货物的出口量在不断增长。在几年的时间里，墨西哥城和华盛顿不仅仅是泛泛之交了，而且实际上双方的关系已经非常友好了。

中美地峡连接着两块大陆。这里土地极其肥沃，种植着咖啡、香蕉、甘蔗以及外国投资者想要种植的任何其他农产品。但此地气候对白人来说非常严酷，而黑人又不想给白人干活，而且这个地区火山众多，所以这儿的黑人和白人生活都不轻松。

对大多数人而言，危地马拉、洪都拉斯、尼加拉瓜、哥斯达黎加，仅仅是些浪漫的名字，除非他们是集邮爱好者，因为有一条在全世界都普遍适用的规律："一国的国库越空虚，它的邮票就越精美。"但是，我下面要谈到的国家巴拿马共和国，对我们的意义重大。它是我们自己的孩子，但是，我认为我们要占领它，因为我们是守卫太平洋和大西洋沿岸地区的唯一的独立国家，如果我们等着哥伦比亚将巴拿马出让给我们的话，那么，为了让哥伦比亚参议员在土地交换契据上签字，我们将仍然在和他们讨价还价。

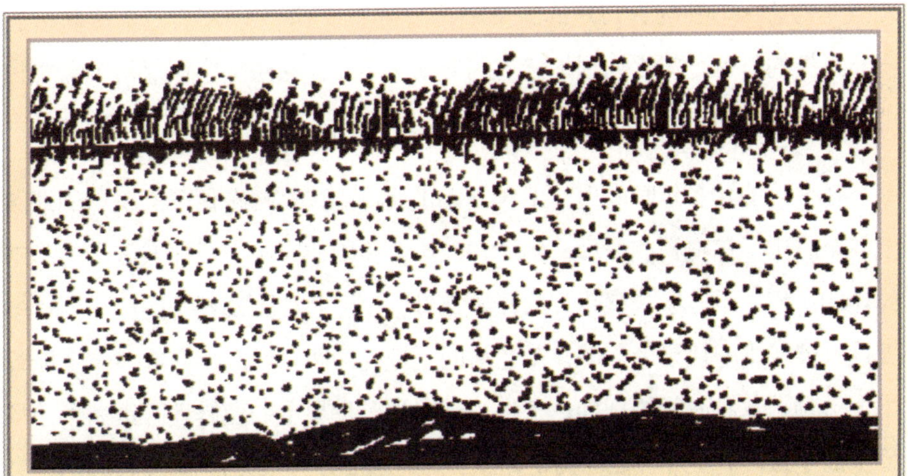

大平原的土壤

这个地峡是一块很狭窄的陆地，当巴尔博亚站在巴尔博亚峰顶，同时看到两大洋之后，这个地峡就已经被西班牙人所了解了。早在1551年，西班牙就有了自己开挖运河的念头。从那以后，每一代人都制订新的计划。为了解决这个问题，每一个在这一科学领域有点名气的人都向世界提供至少一种蓝图，提出解决难题的最好方法。但是，挖运河需要凿开厚度差不多有30英里的坚硬岩石，这是一个非常大的难题。后来，幸好有阿尔弗雷德·诺贝尔的发明，才使难题得到解决。诺贝尔发明的炸药，原本是希望能够帮助农民清除田里的树桩和巨石的，但是，他从未想过，这一发明日后更多地被用来杀死邻居。

后来，就出现了加利福尼亚的淘金热。当时，成千上万的人为了不必经过合恩角而绕一条长长的路线，他们匆匆赶往巴拿马，而且跨越地峡的铁路已于1855年建成。15年以后，世界上的人们就听到了苏伊士运河成功开凿的惊人消息。苏伊士运河的设计师费迪南·德·雷赛布现在想尝试一下将太平洋和大西洋也连起来。但是他所创立的公司的管理非常糟糕，而且他的工程师们在计算过程中又犯了很多错误，他的工人们受到疟疾和黄热病的侵害，死得非常悲惨，在与大自然的力量艰苦地抗争了8年，以及与巴黎交易所进行非直接的，但是却更为损失惨重的交锋之后，这家法国公司落得个名誉扫地、破产倒闭的下场。

在之后的10多年时间里，工作毫无进展。德·雷赛布留下的机车的烟囱上甚至长出了棕榈树。最后，到了1902年，美国政府买下了那家破产的法国公司的产权。于是，华盛顿方面开始与哥伦比亚共和国谈判美国最终要付多少钱才能买下一块足以能够开凿运河的土地的问题。后来，西奥多·罗斯福由于厌烦了这种时间的拖延，于是，他在那个世界上的偏僻地区策划了一场秘密的小叛乱，在不到24小时的时间内承认新的、独立的巴拿马共和国，并开始开凿运河。这发生在1903年，而运河也在1914年竣工了。

运河的开通，把加勒比海从一个内陆海变成了一个欧洲和亚洲之间的商业要道，并极大地提升了那些位于加勒比海与大西洋之间的岛屿的地位。英属巴哈马群岛和古巴离正常航道太远。当然，处于纽约和佛罗里达之间的中间位置的另一块英属领地百慕大的情况也是这样的。但是，牙买加（英属）、海地和圣地亚哥（名义上是独立的，但实际上听命于华盛顿）的位置则较优越，可以从运河中获得一些利益。波多黎各以及所有的小安的列斯群岛也都是这样的，小安的列斯群岛是一些小岛，在它们的东面以及南面，分别是大安的列斯群岛、古巴、海地、牙买加以及波多黎各。

对17世纪的欧洲国家而言，小安的列斯群岛的价值比美洲大陆还要大。因为，这儿气候炎热，水分充足，非常适宜于种植甘蔗，奴隶只要一上岸，在丛林中就没有地方逃了。现在，这些岛上仍然种植甘蔗、可可和咖啡。但是，作为从欧洲去巴拿马运河的中间站，大多数岛上的居民非常乐意去多赚些外快。按照出现的先后顺序，这些岛屿中首先出现的是所谓的背风群岛，接着依次是圣托马斯岛、圣克鲁斯岛、圣马丁岛、萨巴岛、圣约翰岛、圣尤斯塔塔蒂尤岛（小岩石岛，是法国大革命时期走私物品的主要港口）、瓜达卢佩岛、多米尼加岛、马提尼克岛（像大多数其他岛屿一样，火山活动频繁，差点被1902年的培雷火山喷发摧毁）、圣卢西亚岛、圣文森特岛和巴巴多斯岛。

向风群岛由布兰基

尤塞米提国家公园

亚岛（属于委内瑞拉）、博奈尔岛、库拉索岛和奥鲁巴岛（属于荷兰）组成。所有的这些岛屿，从前是一座山系的外延，这个山系曾连接委内瑞拉的圭亚那山脉和墨西哥的马德雷山脉。后来山岭被破坏了，但是一个个的高大的山顶则存留下来了。

从工业角度而言，这些岛屿都没有多大的用处。奴隶制的废止使它们失去了以往的财富。现在，这些岛屿是闻名世界的冬季旅游胜地，或者是轮船加煤站和石油集散中心。只有与奥里诺科河三角洲相对的特立尼达岛，还能见到几分繁荣景象，因为火山喷发赠予了这里大量的沥青沉淀物。印度人来到这里工作，他们取代了过去的奴隶，他们的人口占这里总人口的三分之一。

“一战”期间，我们学习到了更多的地理知识，而且所花费的时间比从前短（当无须知道库特埃勒阿马拉或伊索佐河可能在何处时，我们会忘记得很快）。对年轻人而言，如果“在南美洲，学习西班牙语的前景非常美好”的话，那么他们很快就会放弃学习德语，去改学西班牙语。当时在战争正在实际进行中时，这种前景并没有特别显现出来。而事实上，世界各国与美洲大陆的生意往来严重下滑。

后来我们发现了其中的原因。人们总认为关于对外贸易的技术细节，德国人会更熟悉，所以，在秘鲁、巴西、厄瓜多尔以及其他一些国家，人们把这些工作都交给耐心的德国小职员去做，而最不幸的是，这种工作凭他们雇主的智力是干不了的。当南美洲加入协约国（因为大多数协约国都有少数德国船只停泊在他们的港口，并且需要贷款）以后，那些可怜的条顿文员都被抓进了集中营，这使得南美的商业机构与外国之间的信函往来突然中断了。和平一旦宣布后，这种联系又恢复了，这些德国人又返回他们的工作岗位。

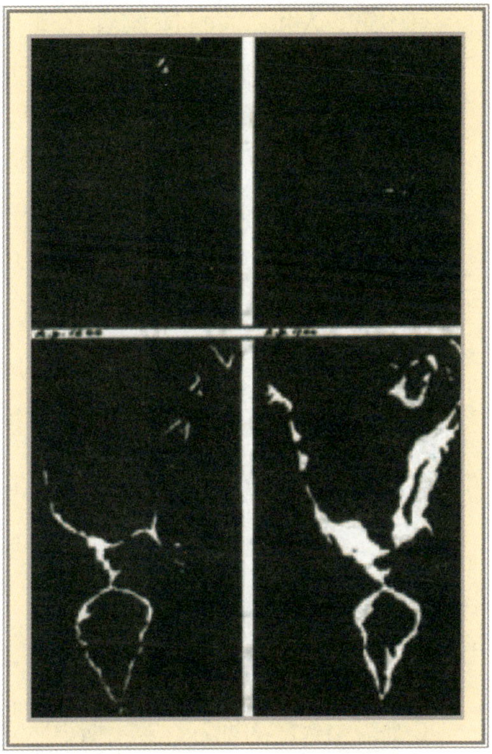

渐渐地，人家明白了一个真相：虽然南美洲有大量的自然资源，但是南美的人口严重不足，在很多方面远远落后于世界其他地区。所以也许至少得再过50年，南美的这些资源才会对人们稍稍有点用处。但少数几个富裕的家族则不包括在内，他们有的是在西班牙统治时期就已经发了财，有的是后来以快速更换的某个南美总统的叔叔或者侄子的名义攫取的财富。

现在，如果在当前这本书中我只用了几页的篇幅来描述南美洲的话，那么请不要认为我有反南美的情绪。相反，作为一个具有北美血统的人，我比南美种族的人本身更能欣赏他们的诸多优点。但是，在这本书的开头我就告诉过你，我在试图写一本“人”的地理，我坚信，任何一块土地，不管它是大还是小，其重要性完全取决于该土地上的居民以科学，或者以商业、或者以宗教、或者以一种艺术的形式来对人类的总体幸福所做的贡献大小。唉，从这个角度来看，南美洲对人类所做贡献和澳大利亚、蒙古一样少。我重复一下，其中的原因，可能是由于这个地方人口稀少的缘故，其次还可能是由于南美洲大部分地区刚好在赤道的下方。而在其他地区，白人从来就不能取代土著人，要不就是白人中充斥着不同肤色的混血儿（有白人和黑人的混血儿，有印第安人和白人的混血儿，有黑人和印第安人的混合儿），以至于他们从来就不能够要求获得政治上或者知识上的权利。

南美一直是个奇怪的政治实验场所。巴西帝国尽管只存在了不到一个世纪，但是它是太阳底下的新生事物。还有巴拉圭的耶稣会自由邦（该邦所存续的时间比其东边的帝国长得多），在乌托邦实践的学术著作中，它经常得到赞美。南美洲至少造就了一个能力非凡的人，这就是伟大的玻利瓦尔。他不仅像我们自己的乔治·华盛顿那样，解放了他自己的祖国，而且他也直接或者间接地推动了整个南美大陆的大多数革命运动取得成功。

整个南美西海岸是由我们自己的落基山脉和墨西哥的马德雷山脉这样的山系构成，它被称为科迪勒拉斯·德·罗斯·安第斯山脉，或者简称为安第斯山脉。安第斯是一个西班牙语的叫法，是征服者给印度安人在他们当地的山坡上到处修建的灌溉水渠所取的名字。

在靠近南极圈的地方，安第斯山脉分裂成许多岛屿，其中最著名的是火地岛。在智利和火地岛之间有一条海峡，麦哲伦在白人的首次环世界航行中费了很大的周折才通过该海峡，并且该海峡仍旧是以他的名字命名的。火地岛的最南端是合恩角，该海角是以发现这个海角的人的家乡名来命名的（荷兰小镇合恩），而不像很多人认为的那样是以牛的名字命名的。当然，麦哲伦海峡的战略地位非常重要，因此，守护着该海峡的福克兰群岛是英国人的领土。

安第斯山脉像这一整个巨大的山系一样，也是一些从北极圈、南极圈延伸的火山。在厄瓜多尔，钦博拉索山（现在已经熄灭了）高达20702英尺；阿根廷的阿空加瓜峰是它们中间最高的，有22834英尺高；高达19550英尺的科托帕希峰（也在厄瓜多尔境内）创下了纪录，它是全世界最高的活火山。

南美洲的安第斯山脉和它们的北美洲姊妹的相似之处还表现在另外两个

南北美洲都像三角形，唯一的差别在于，南美洲这个三角形比北美洲三角形更靠东一点，而正是由于这个差别，也就确定无疑地解释了南美洲比北美洲更早地被人发现的原因，也说明了当南美洲已经广为人知的时候，北美洲的大部分地区仍然是传说中的“未被发现的地域”

方面：首先，高大的山岭环绕着宽阔的高原，构成了玻利维亚或者厄瓜多尔这样一些天然的区间。此外，这里几乎没有什么方便的山口，所以，阿根廷和智利之间的铁路，即唯一的穿越安第斯山脉的铁路，不得不爬越到一定的高度，这个高度远远超过瑞士山口的高度，就像隧道挖通前的圣伯纳山口或者哥达山口一样。

东部的山脉有南美洲的阿巴拉契亚山脉，它们由北部的圭亚那山岭和东部的巴西高地组成，它们各自又有众多独立的齿状山脊和山岳，并形成一个巨大山系的余脉，这个山系逐渐地被亚马孙河谷一分为二。亚马孙河尽管不是世界上最长的河流，但其流量比任何其他河流都要大。实际上，它有几百条支流，其中像莱茵河那么长的支流超过15条，而其他的几条支流，诸如马代拉河、塔帕若斯河，比莱茵河还要长得多。

圭亚那山脉的北面是另一个谷地，这就是奥里诺科河谷地。实际上，奥里诺科河通过神奇的内格罗河连通亚马孙河（想象一下俄亥俄河同时既是密西西比河的一部分又是波托马克的一部分的情景吧），且远比亚马孙河更适合航运。由于该河流在流向大海的过程中，不像亚马孙河那样，必须穿过山脉，因此，它有差不多20英里宽的河口，而这条河流本身流量丰富，在内陆几百英里长的距离内，其水道的深度稳定在300英尺，这对远洋船只来说是非常方便的。

巴拉那河是南美洲从北向南流动的河流，它在流入大海的过程中，与巴拉圭河和乌拉圭河汇合，然后形成拉普拉塔河。乌拉圭国家的首都蒙得维的亚就坐落在这条河的河畔。与奥里诺科河一样，巴拉那河也是一条良好的内陆航道。

就某个具体的方面而言，除了欧洲之外，南美大陆比其他多数大陆都好得多，这儿实际上没有沙漠。除了智利的北部地区，其余大部分地区降水很充足。

现在在我们已知的南美国家中，几乎没有哪个国家是由于我们所说的历史的必然性所产生的。它们是意料之外的、偶然取得成功的革命的结果，而不是缓慢增长和发展的产物。委内瑞拉合众国有321. 6万人口，它由于离赤道太近了一点，以至于不能产生出精力非常充沛的人种。不过，在北部，马拉开波湾上的环礁湖附近发现了石油，这就使马拉开波成了委内瑞拉最重要的港口。而此前，这一地位一直是由首都加拉加斯的港口拉瓜伊拉港所保持的。

委内瑞拉的西面是哥伦比亚，其首都城市是波哥大。该城市位于遥远的内地，交通很不方便，直到马格达莱纳河河口上的巴兰基亚与波哥大的定期航班开通之后，情况才有所改观。哥伦比亚土地肥沃，自然资源丰富。此外，与美国一样，它位于两大洋之间。但是它需要大量的北欧移民来开发它的自然资源。

厄瓜多尔也是一个穷国，尽管首都基多的港口瓜亚基尔自巴拿马运河通航以来，比以前有了很大的发展，但是，这个国家除了在过去出口过大量奎宁，现在主要出口可可之

南美洲

亚马孙河

外，就没什么好说的了。

沿着太平洋沿岸继续往南行，就到了秘鲁。当西班牙人最初来到新大陆时，秘鲁还是一个非常强大的印第安人国家的所在地。这个国家的统治者是贵族阶层，即印加人，或者说是太阳之子。印加人推选出自己的最高统治者或者全国的印加，并把专制权力授予他。不管怎么说，由于他们的封建性质，秘鲁人创造了比阿兹特克人高得多同时也更富人性的文明形式。

利马是一个现代化的都市，秘鲁以银、铜和石油形式存在的财富的未来命运都由利马来决定，除非共和国的总统和他的外国银行家朋友早就把这些矿藏转移了，并把它们存入法国的银行保险柜中。这样的事情是可能的。

玻利维亚是一个贫穷的内陆国，但它并非一开始就是一个内陆国，其首都拉巴斯从前有一个直接的出海口。但是在1879—1882年著名的硝石战中，秘鲁和智利正在争夺阿里卡地区，玻利维亚站在了智利的对立面。当智利获得胜利之后，玻利维亚随之就失掉了自己的沿海地区。玻利维亚其实是一个非常富裕的国家，它是世界上第三大产锡国，但是它的人口密度是每平方英里不到5人，人口总数不到300万，其中大部分人是印加帝国覆灭后遗留下来的印第安人——不，要在这个不幸的国家或者为这个不幸的国家做点事的话，需要很长的时间。

智利和阿根廷是位于南美大陆最南端的国家，也是整个大陆最重要的两个国家。但是，它们的繁荣直接得益于其地理位置。它们地处温带，因此，这里的印第安人（他们在热带地区繁衍更快）比较少，而且所吸引的都是高层次的移民。

与阿根廷相比，智利是个自然资源更丰富的国家。阿里卡（从这可以坐火车到玻利维亚）、安托法加斯塔、伊基克和瓦尔帕莱索这4个城市都是南美西海岸最重要的港口，就像圣地亚哥既是智利，也是整个地区最大的城市一样。智利的南部正在开始发展养牛业，这些牛从屠宰到冷冻，再经过麦哲伦海峡上的蓬塔阿雷纳斯运到欧洲。

阿根廷是南美最大的养牛国。巴拉那河沿岸是一片平坦的土地，其面积相当于欧洲面积的三分之一，它是整个大陆最富裕的地区。阿根廷出口的肉、羊毛、皮革和黄油，数量非常大，以至于其价格能够以一种让人讨厌的方式影响我们的同类商品的价格。过去的10年中，意大利劳工和农民不断地移居阿根廷，这将会使阿根廷成为西半球最重要的粮食和亚麻产地，而马塔哥尼亚因养羊业成为澳大利亚最危险的竞争对手。

阿根廷的首都是布宜诺斯艾利斯，它也位于拉普拉塔河畔，就在小国乌拉圭的对面。乌拉圭的土壤和气候与阿根廷的很相似。现在，印第安人在乌拉圭已消亡，这个国家的发展虽然缓慢，但却非常成功。但阿根廷扩展的规模过大，往往存在着投机过度和财政管理不善的风险。

最后是巴拉圭，它是拉普拉塔河流域的第三个国家，而且在很多方面是

3个国家中最好的。如果不是发生了1864—1870年那场灾难性的战争的话，现在巴拉圭一定非常繁荣。当年，可怜的印第安人接受了他们以前的耶稣会主人（然而，他们在1769年将这个国家转让给了西班牙国王）的军事训练，为了那个碰巧当上了他们的总统的疯子的利益，走上战争的轨道。而这个可怜的人，在向他的3个强大的邻国宣战之后（这场战争是完全没有必要的），就开始了战争，直到全国六分之五的男子都被杀死之后，战争才结束。

还有一个国家——巴西——需要介绍一下。作为一个殖民地，它先是被荷兰人严重忽视，后来又被葡萄牙人严重忽视。葡萄牙人禁止土著人和移民同其他任何人发生商业往来，除非是和少数几个获得授权的里斯本商人做贸易。他们还使整个这一地区的经济几乎处于完全束缚状态，这种局面一直持续到1807年。当时，葡萄牙王室为了躲避拿破仑而逃到里约热内卢。于是，局势发生变化，这个受到歧视的殖民地统治了他的宗主国十几年。1821年。葡萄牙国王陛下返回里斯本，他把他的儿子彼得罗留下来作为他的代表。一年之后，这个儿子自封为巴西皇帝，宣布独立。从那之后，葡萄牙语成了联系殖民地和从前的宗主国的唯一纽带，因为那个曾为巴西建立了也许是所有南美国家中最好的政府的布拉干萨家族，因为军事政变而被迫于1889年退位。这位美洲的末代皇帝去了巴黎并死在那里。

委内瑞拉平原